Tauschen statt kaufen

Alte Ideen wieder entdecken
und geschickt einsetzen

Über den Herausgeber:

Stephan Kaiser war von 1982 bis 2005 als geprüfter Vermögensberater (BWA, BDV) tätig. Davon in den Jahren 1990 bis Ende 2005 in der Funktion eines Direktionsleiters. In seiner Aufgabe als Betreuer hat er über 50 Beraterinnen und Berater ausgebildet und dabei hunderte von Schulungen, Vorträgen und Seminaren gehalten und veranstaltet.

Die Finanzplan-Idee entwickelte er im Jahr 2002, weil ihm immer wieder auffiel, dass eine Methode fehlte, wie man, vor allem als Selbstständiger, einfach und trotzdem gut mit seinem Geld auskommt. Im Januar 2006 erfüllte er sich seinen Lebenstraum und arbeitet seither ausschließlich (als FinanzplanCoach) im FinanzplanTeam. Dort ist er als Entwickler für den Finanzplan in Excel und alle Finanzberechnungsmodule verantwortlich.

Das FinanzplanTeam vermittelt selbst keinerlei Finanzverträge. Es spricht auch keine Empfehlungen für ein bestimmtes Angebot oder eine Firma aus, sondern beschränkt sich bei allen Produkten auf die neutrale Beschreibung der jeweiligen Vor- und Nachteile.

Der Vater von 2 Söhnen lebt und arbeitet in Gerstetten-Dettingen auf der Schwäbischen Alb und ist seit 1983 mit seiner Frau Tina verheiratet.

E-Mail Kontakt: support@mein-finanzbrief.de
Im Internet unter: http://www.mein-finanzbrief.de

4

Stephan Kaiser

Tauschen statt kaufen

Alte Ideen wieder entdecken und geschickt einsetzen

Leinen los !

Wir können nur zu neuen Ufern aufbrechen,
wenn wir bereit sind, die alten zu verlassen

Verlag: Books on Demand GmbH, Norderstedt
Bibliographische Information der Deutschen Bibliothek

Die Deutsche Bibliothek verzeichnet diese Publikation in der Deutschen
Nationalbibliographie; detaillierte bibliographische Daten sind im Internet
über <http://dnb.ddb.de> abrufbar.

Herstellung und Verlag:
BoD - Books on Demand, Norderstedt
ISBN 9783732291427

Wünsche zur Verwendung oder Verwertung der Inhalte von ‚Tauschen
statt kaufen' zur Förderung der Allgemeinbildung und der finanzwirt-
schaftlichen Kompetenz sind jedoch willkommen. Sie sind unter der E-
Mail Adresse stephan.kaiser@mein-finanzbrief.de an den Verfasser zu
richten, der über die Rechtevergabe entscheidet und schriftlich infor-
miert. Solchermaßen verwendete oder verwertete Inhalte des Buches
‚Tauschen statt kaufen' sind zu kennzeichnen mit „ Aus dem Buch 'Tauschen statt kaufen' Freigabe vom . " und um das Datum der Freigabe zu
ergänzen.

**Wir können nur zu neuen Ufern aufbrechen,
wenn wir bereit sind, die alten zu verlassen**

Inhaltsverzeichnis

Vorwort

Jeder von uns hat täglich in irgendeiner Form mit Geld zu tun. Die meisten Menschen gehen arbeiten und verdienen damit Geld, um ihren Lebensunterhalt zu finanzieren und sich ihre Wünsche und Träume zu erfüllen.

Damit tauschen sie ihre Zeit und Arbeitskraft gegen Geld.

Mit diesem Geld können sie dann alles kaufen, was sie zum Leben benötigen oder begehren. Geld ist heutzutage das offizielle, gültige Zahlungsmittel, mit dem wir Waren und Dienstleistungen kaufen und natürlich auch verkaufen können.

Geld, das sind Münzen und Geldscheine in Ihrem und meinem Portemonnaie und natürlich die Guthaben auf diversen Bankkonten.

Wenn Sie beispielsweise ein Brot oder Brötchen beim Bäcker kaufen, bezahlen Sie üblicherweise mit Geld. Damit tauschen Sie eine Ware gegen Geld. Der Bäcker, der das Geld erhält, kann damit wiederum andere Waren kaufen (bezahlen). Er tauscht dann sein Geld gegen eine andere Ware.

So ist es kaum mehr vorstellbar, dass ein modernes Wirtschaftssystem ohne das Tauschmittel Geld funktioniert. Für Geld bekommt man (fast) alles. Wir leben in einer Welt, in der sich nahezu alles ums Geld dreht.

Doch braucht man Geld heute unbedingt zum Leben? Oder könnte man das eine oder andere, das man zum Leben braucht und gern hätte, auch einfach ohne Geld tauschen? Haben Sie vielleicht schon einmal etwas ohne Geld getauscht?

Wir befinden uns derzeit in einer schweren globalen Finanz- und Wirtschaftskrise mit ziemlich düsteren Konjunkturaussichten, steigender Arbeitslosigkeit, ständig steigenden Preisen vor allem für die Lebenshaltung und einer alternden Gesellschaft, deren Rente nicht mehr gesichert ist.

Alles in allem keine schöne Situation. Und mit jeder politischen Reform wächst die Unzufriedenheit der Menschen. Immer mehr Menschen haben immer weniger Geld zur Verfügung, fühlen sich dagegen machtlos und suchen nach Auswegen aus dieser deprimierenden Situation.

Kann der direkte Tausch von Produkten und Dienstleistungen heutzutage eine echte Alternative sein?

Dieses Buch will über die Entstehung und Entwicklung von Tauschgeschäften informieren und Anregungen dazu geben.

Ihnen wünsche ich nun viel Spaß beim Lesen und natürlich allzeit gute Finanzen.

FinanzPlan MasterCoach

Über das FinanzplanTeam

Damit Sie wissen, wer dieses Buch herausgegeben hat und sich eine bessere Meinung über uns bilden können, hier etwas über uns:

Wer arbeitet im FinanzplanTeam?

Der Kern des FinanzplanTeams sind Tina und Stephan Kaiser.

Wir arbeiten mit Steuerberatern, Anwälten und Spezialisten auf dem Gebiet der Software Programmierung zusammen, achten dabei aber immer darauf, dass diese nicht bei uns angestellt, sondern selbst freiberuflich tätig sind.

So lassen sich Abhängigkeiten, die aus einem Angestelltenverhältnis entstehen würden, vermeiden und darüber hinaus bleiben wir selbst so stets flexibel und können uns Meinungen und Informationen aus unterschiedlichen Quellen einholen.

Diese Meinungsvielfalt ist uns sehr wichtig, weil wir die Erfahrung gemacht haben, dass es sehr schnell zu einer Betriebsblindheit kommen kann, wenn man diese Möglichkeit nicht hat.

Mit wem arbeiten wir zusammen?

Grundsätzlich mit allen, die auch daran interessiert sind, dass es den Menschen finanziell und/oder persönlich besser geht.

Das sind oft ganz unterschiedliche Leute. Letztendlich schauen wir uns jede Kooperation genau an und entscheiden individuell.

Auch dabei ist uns unsere Unabhängigkeit wichtig, weshalb wir stets nur auf freiwilliger Basis mit anderen Anbietern zusammenarbeiten.

Zwänge oder gar Verpflichtungen, bestimmte Dienstleistungen oder Produkte zu empfehlen, gehen wir grundsätzlich nicht ein.

Wer sind Tina und Stephan Kaiser?

Diejenigen, die es interessiert, finden hier einen kurzen Lebenslauf von uns. Bei uns ging vieles immer irgendwie früher als bei den meisten Menschen. Das hat uns manches Mal ganz schön auf Trab gehalten ;-) Aber wir tun unser Bestes, um Schritt zu halten...

1980   Das Jahr in dem wir uns (beide 16 Jahre alt) kennengelernt haben

1981   Mit 17 Jahren sind wir in unsere erste, eigene Wohnung eingezogen. Die Wohnung befand sich im Haus unserer Oma, die auf die vereinbarte Miete von 50 DM stets verzichtet hat. Wir hätten auch nichts gehabt, um sie zu bezahlen :))

1982   Wir haben ziemlich früh geheiratet, beide erst 18 Jahre alt. Nein, es war kein Nachwuchs unterwegs... einfach nur so aus Liebe und dem Wunsch, das Leben gemeinsam zu gestalten und zu erleben.

1983   Wir haben beide unsere Ausbildungen (zur Gärtnerin und zum Heizungsbauer) abgebrochen und haben uns als Agenturleiter bei der DVAG selbstständig gemacht.

1984   Ernennung zum Generalagenturleiter
1986   Ernennung zum Geschäftsstellenleiter
1988   Ernennung zum Hauptgeschäftsstellenleiter
1989   Geburt unseres Sohnes David Johannes
1989   Ernennung zum Regionaldirektionsleiter
1989   Stephan kauft seinen 1. Computer (386er mit mathematischem Co-Prozessor, 4 MB RAM DOS + 80 MB Festplatte), es ist 'Liebe auf den ersten Blick' :-)) und man kann Stephan seither als ziemlich computerbegeistert bezeichnen
1990   Ernennung zum damals jüngsten Direktionsleiter
1991   Geburt unseres Sohnes Daniel Andreas
1992   Wir haben selbst große finanzielle Schwierigkeiten und aus dieser Notsituation entsteht unser erster, eigener Finanzplan in Excel
1998   Dank des Finanzplans in Excel ist unsere eigene finanzielle Situation jetzt wieder vollkommen bereinigt und in Ordnung gebracht.

bis 2002	Tätig als Direktionsleiter. In seiner Aufgabe als Betreuer hat Stephan über 50 Berater ausgebildet bzw. mit ausgebildet und hunderte von Schulungen, Vorträgen, Seminaren und Klausuren veranstaltet und gehalten
2002	Abgabe aller Vermögensberater der Direktion und gleichzeitiger Rücktritt von der Position des Direktionsleiters
2002	Tina Kaiser gründet die Management und Organisationsberatung (M.O.B.)
2002	Die Finanzplan-Idee wird erstmals einer breiten Öffentlichkeit vorgestellt, weil Stephan immer wieder auffiel, dass eine Methode fehlte, wie man (vor allem als Selbstständiger) einfach gut mit seinem Geld auskommt und dabei gleichzeitig seine Steuervoraus- und -nachzahlungen im Griff hat
2006	Austritt aus der DVAG (mit einem erfreulichen und entgegenkommenden Aufhebungsvertrag uns gegenüber)
2006	Stephan Kaiser erfüllt sich seinen Lebenstraum und übernimmt die Leitung des FinanzplanTeams. Heute arbeitet er ausschließlich als FinanzplanCoach. Er ist als Entwickler für den Finanzplan in Excel und alle Finanzberechnungsmodule verantwortlich und kann endlich ganz legitim den ganzen Tag am PC spielen :-))

Prüfungen und Qualifikationen Tina Kaiser:

Ausbildung zur Kursleiterin autogenes Training
Rautenberg Seminare 'Transaktionsanalyse' (Teil 1-3)

Hobbys: Hundeausbildung nach Feltmann, Pferde und Natur, lecker und frisch kochen

Prüfungen und Qualifikationen Stephan Kaiser:

Geprüfter Vermögensberater (BWA) Betriebswirtschaftsakademie Wiesbaden
Geprüfter Vermögensberater (BDV) Bundesverband Deutscher Vermögensberater
Rautenberg Seminare 'Transaktionsanalyse' (Teil 1-3)

Seit 1992 Erstellung von finanzmathematischen Berechnungen in Microsoft® Excel
Seit 2002 Programmierung in VBA (Visual Basic für Applications)
Windows 2000/XP Workstation Management (IHK)
Vielfacher Buchautor und Herausgeber
Hobbys: Radfahren, Computer, Softwareentwicklung

Was möchten wir erreichen? Warum gibt es uns?

Unser Hauptanliegen ist es, dass Anwender des Finanzplans einfach gut mit ihrem Geld auskommen. Dafür arbeiten wir, und das ist der Hauptzweck unseres Unternehmens!

Dabei sollen Schulden (mit Ausnahme von Baukrediten für die eigenen vier Wände) unbedingt vermieden werden. Das gleiche gilt für Leasing- und Ratenzahlungsverträge aller Art. Ebenso sollen unsinnige und unnötige Ausgaben aufgespürt und vermieden werden.

Geld ist für uns EIN wichtiger Faktor im Leben, weil es Sicherheit, Spaß, Freiheit und Spielraum in unser Leben gebracht hat.

Das Wichtigste ist uns aber, das an sich trockene Thema Finanzen mit Spaß und einer guten Dosis Humor an die Frau und den Mann zu bringen. Sie brauchen in unseren Seminaren und Schulungen zum Lachen nicht in den Keller gehen ;-)

Die Produktpalette und das Leistungsspektrum

Wir bieten Softwarelösungen (auf Microsoft Excelbasis) an, die den Umgang mit dem eigenen Geld außergewöhnlich stark vereinfachen und überschaubar machen.

Das Hauptprodukt ist der Finanzplan in Excel. Darüber hinaus sind Zusatzmodule für besondere Lebensbereiche (Baufinanzierung, Altersversorgung, Geldanlagen etc.) verfügbar.

Das zweite Hauptprodukt ist der GeldSparKurs, in dem wir die besten Tipps und Tricks bei Finanzen gesammelt und veröffentlicht haben.

Darüber hinaus sind zahlreiche Bücher zum Thema Geld und Finanzen von uns erschienen. Eine Übersicht finden Sie ganz hinten im Buch.

Mit dem FinanzplanCoaching haben wir im Jahr 2006 eine weitere Möglichkeit geschaffen, um Menschen bei der Planung und Gestaltung ihrer Finanzen helfen zu können.

Welche Probleme unserer Kunden lösen wir?

Wir machen den Umgang mit dem Thema Finanzen einfach, auch weil wir auf Fachbegriffe verzichten und Fremdwörter – wo immer es geht - in der Dose lassen.

Mit unserer Software gewinnen Sie den Überblick über Ihre Finanzen. Sie gewinnen Planungssicherheit bei Ihren Ausgaben. Sie erreichen Ihre materiellen Ziele schneller und Schritt für Schritt.

Als Selbstständiger haben Sie Ihre Steuerproblematik im Griff, weil es zu jedem beliebigen Zeitpunkt des Jahres (mit nur 3 Mausklicks) möglich ist, eine Hochrechnung zu erstellen.

Sie kennen Ihren finanziellen Spielraum genau. Unnötige Ausgaben können aufgespürt und vermieden werden. Sie haben ganz einfach mehr Geld in Ihrer Kasse.

Unternehmern und Selbstständigen stehen wir darüber hinaus als Ansprechpartner bei Problemen in der eigenen Firma zur Verfügung.

Was unterscheidet das FinanzplanTeam von anderen?

Um es einmal ganz platt zu formulieren: Wir haben wirkliches Interesse daran, dass es den Anwendern unserer Produkte finanziell immer besser und besser geht. Das ist bei uns kein Werbegag, sondern unser innerer Antrieb, der uns im Tagesgeschäft Kraft gibt.

Wir haben einen 24-Stunden Support, der Ihnen an allen Werktagen eine Antwort auf Ihr Problem verschafft. Diese Antwort erhalten Sie stets DIREKT von einem Mitglied des EntwicklerTeams. Freundlich, einfach erklärt und auf Sie persönlich zugeschnitten.

Bei uns brauchen Sie kein Excel- oder Computerprofi zu sein, wir machen Ihnen die Bedienung und Anwendung denkbar einfach.

Der Finanzplan in Excel konzentriert sich auf das Wesentliche. Dadurch bleibt er genial einfach und ist einfach genial.

Unsere Software wird ausführlich getestet und erst dann zum Verkauf freigegeben, wenn sie funktioniert. Dafür lassen wir uns Zeit, und das erspart Ihnen lästige Fehlersuche und schlaflose Nächte.

Das FinanzplanTeam ist vollkommen neutral. Wir sind keiner Bank, Bausparkasse, Versicherung oder irgendeiner Vertriebsorganisation angeschlossen oder verpflichtet. Nur deshalb können wir unsere Entscheidungen frei und aus eigenen Stücken treffen.

Wir arbeiten überparteilich, sind nirgends angestellt und keinem Verband oder keiner Organisation gegenüber zu irgendetwas verpflichtet.

Wir vermitteln keinerlei Finanzprodukte und erhalten keine Provisionen für die Vermittlung irgendwelcher Finanzdienstleistungen. Alle fachlichen Aussagen von uns sind einzig und allein auf die Interessenlage unserer Kunden und Softwareanwender ausgerichtet.

Wir sprechen daher auch keine Empfehlungen für ein bestimmtes Angebot aus, sondern beschränken uns bei Produkten auf deren allgemeine Beschreibung der Vor- und Nachteile.

Das ist wichtig: Nur wer selbst keinerlei Finanzprodukte verkauft und daher auch keine Provisionen erhält, ist wirklich unabhängig.

Als Merksatz gilt:

Immer wenn Provisionen fließen, kann es mit der Neutralität und dem wirklichen Eingehen auf Kundenwünsche nicht weit her sein.

FinanzplanCoaching ist deshalb so wertvoll und effektiv, weil der Coach immer direkt vom Kunden als Auftraggeber bezahlt wird.

Tauschmittel Geld – früher und heute

Ein Leben ohne das Tauschmittel Geld ist für uns heutzutage kaum mehr vorstellbar. Doch das war nicht immer so.

Früher in der Steinzeit gab es natürlich noch kein Geld. Das war auch gar nicht nötig, denn die Steinzeitmenschen haben fast alles, was sie zum Leben brauchten, selbst gejagt oder gesammelt. Sie waren sozusagen Selbstversorger.

Die Menschen lebten damals in kleinen Gruppen zusammen. Jeder aus der Gruppe machte das, was er am besten konnte. Und das wurde anschließend in der Gruppe aufgeteilt.

Alle Mitglieder einer solchen Gruppe hatten den gleichen Lebens-standard, zu dem jeder Einzelne seinen Teil beitrug. Auf diese Weise konnte jeder von den Fähigkeiten des anderen profitieren.

Später entwickelten sich die Menschen weiter und merkten bald, dass das, was sie selbst durch Jagen und Sammeln zur Verfügung hatten, nicht mehr ausreicht.

Sie schlossen sich zu größeren Gemeinschaften (Siedlungen) zu-sammen, in denen es nicht mehr nur Jäger und Sammler, sondern inzwischen auch die ersten Bauern, Töpfer und Werkzeugmacher gab.

Jeder spezialisierte sich auf etwas, das er ganz besonders gut konnte und bot seine Waren oder Dienste dann zum Tausch an.

Wer etwas brauchte, hat es getauscht, zum Beispiel Getreide oder Beeren gegen Fisch, ein Stück Fleisch gegen einen Tonkrug oder ein Fell gegen eine Speerspitze.

Zunächst fand der Tausch nur innerhalb der Siedlungen statt, später dann auch mit weit voneinander entfernt liegenden Siedlungen.

Das war der Beginn des Tauschhandels, der so genannte Natural-Tausch. Ein großer Fortschritt, der den Menschen damals einen wachsenden Wohlstand brachte.

Es kam allerdings auch mal vor, dass nicht gleich der geeignete Tauschpartner gefunden wurde und das Fleisch, die Beeren oder auch der Fisch bereits verdorben waren und deshalb der Tausch nicht mehr stattfand.

Um das zu vermeiden, wurde mit der Zeit ein Zwischentauschmittel eingesetzt, welches nicht verderben konnte. Das waren beispielsweise Salz, Kakaobohnen, aber auch besondere Steine oder seltene Muscheln (Kaurimuschel).

Diese Zwischentauschmittel wurden später dann durch seltene Metalle, wie Gold, Silber oder Kupfer ersetzt. Das war der Beginn der Entwicklung von Münzen.

Waren diese früher zunächst nur aus Gold oder Silber, so wurden sie mit der Zeit aus allen möglichen anderen Metallen gefertigt.

Bis Mitte des 19. Jahrhunderts wurde dann auch das so genannte Papiergeld (Geldscheine) eingeführt, das für die Menschen sehr viel bequemer und einfacher zu transportieren und zu handhaben war, als ein Beutel voll schwerer Münzen.

Bis heute ist Geld das Tausch- und Zahlungsmittel, das den Austausch von Waren und Dienstleistungen vereinfacht. Die Menschen sehen Geld als das wesentliche Mittel, ihre Bedürfnisse zu befriedigen.

Für Geld bekommt man (fast) alles. Wir leben in einer Welt, in der sich nahezu alles ums Geld dreht. Doch braucht man Geld heute tatsächlich zum Leben?

Oder …

Kann man heute auch ohne Geld leben?

Die meisten Menschen werden an diesem Punkt wahrscheinlich sagen: Nein, ohne Geld ist das heute unmöglich.

Die gelernte Lehrerin und Psychotherapeutin Heidemarie Schwermer wagte genau das, was viele sich nicht einmal vorstellen können. Sie startete ein außergewöhnliches Experiment und nannte es das ‚Sterntalerexperiment', nach dem Sterntaler-Märchen, in dem ein Mädchen alles verschenkte und dafür vom Himmel reich belohnt wurde.

Im Mai 1996 hatte sie beschlossen, ihr Leben von Grund auf zu verändern. Sie gab ihre gutlaufende Praxis und ihre Wohnung auf, kündigte alle Versicherungen (auch die Krankenversicherung) und verschenkte fast alles, was sie besaß.

Von nun an hütete sie Wohnungen und Häuser, deren Bewohner im Urlaub oder auf einer längeren Reise waren. Dafür konnte sie dort umsonst wohnen und wurde manchmal für das Housesitting auch mit einem vollen Kühlschrank belohnt.

Das, was sie sonst noch zum täglichen Leben brauchte, hat sie sich einfach eingetauscht, beispielsweise ein Essen fürs Putzen oder sie bot ein Therapie-Gespräch an und hat dafür Kleidung erhalten.

Sie lebte nach dem Prinzip 'Geben und Nehmen' anstatt zu bezahlen. Dadurch entstanden im Laufe der Zeit immer mehr und intensivere Kontakte und Beziehungen zu anderen Menschen, durch die ihr eigenes Leben auch ohne Geld an Reichtum gewonnen hatte.

Sie spürte mehr und mehr Lebensqualität, lebte freier und unabhängiger, ohne dabei anderen Menschen zu schaden.

Mit diesem Experiment möchte Frau Schwermer auch andere Menschen ermutigen, vorhandene Wertvorstellungen einmal zu überdenken und über eine neue Art des Miteinanders nachzudenken.

Und sie will natürlich zeigen, dass man heute tatsächlich ohne Geld leben kann, wenn man sein Leben selbst in die Hand nimmt. Das ist ihr, mit Vertrauen in Gott und in sich selbst, gelungen.

Nun muss man ja nicht gleich so radikal sein Leben umstellen.

Dennoch ist es gerade in der heutigen Zeit durchaus eine Überlegung wert, das eine oder andere, das man zum Leben braucht und gern hätte, einfach ohne Geld zu tauschen.

Wir befinden uns derzeit in einer schweren globalen Finanz- und Wirtschaftskrise mit düsteren Konjunkturaussichten, steigender Arbeitslosigkeit und einer alternden Gesellschaft, deren Rente nicht mehr gesichert ist.

Einerseits werden Banken und ganze Staaten mit Milliardenbeträgen ‚gerettet', auf der anderen Seite gibt es immer mehr Menschen, die nicht mehr wissen, wie sie ihren Lebensunterhalt auf Dauer bestreiten können, da sie immer weniger Geld zur Verfügung haben.

Mit jeder politischen Reform wächst die Unzufriedenheit der Menschen, viele fühlen sich ausgegrenzt und dagegen machtlos. Sie suchen nach Auswegen aus dieser deprimierenden Situation.

Einige haben bereits einen Ausweg durch selbstorganisiertes Handeln abseits vom üblichen Markt, von Geld und Staat innerhalb einer neuen Gemeinschaft gefunden.

Der Tausch ohne Geld kann für sie eine echte Alternative sein.

Zusammenfassung des Kapitels:

Tauschmittel Geld – früher und heute

Ein Leben ohne das Tauschmittel Geld ist für uns heutzutage kaum mehr vorstellbar. Doch das war nicht immer so.

Die Steinzeitmenschen kannten kein Geld. Sie waren Selbstversorger und haben alles, was sie zum Leben brauchten, selbst gejagt oder gesammelt und anschließend geteilt.

Im Laufe der Zeit schlossen Sie sich zu größeren Gemeinschaften (Siedlungen) zusammen, die den Tauschhandel (Naturaltausch) möglich machten, der den Menschen damals einen wachsenden Wohlstand brachte.

Da vor allem die Tauschwaren Fleisch und Fisch nicht lange haltbar waren, wurde später ein Zwischentauschmittel (Salz, Kaffeebohnen, Muscheln, Gold und Silber) eingesetzt, welches nicht verderben konnte. Bis Mitte des 19. Jahrhunderts wurde dann auch das Papiergeld (Geldscheine) eingeführt.

Bis heute ist Geld das Tausch- und Zahlungsmittel, das den Austausch von Waren und Dienstleistungen vereinfacht. Für Geld bekommt man (fast) alles. Wir leben in einer Welt, in der sich nahezu alles ums Geld dreht.

Doch braucht man Geld heute tatsächlich zum Leben?

Die gelernte Lehrerin und Psychotherapeutin Heidemarie Schwermer hat mit dem 'Sterntalerexperiment' bewiesen, dass man heute tatsächlich ohne Geld leben kann, wenn man sein Leben selbst in die Hand nimmt und sich die Dinge, die man zum Leben braucht, einfach eintauscht.

Tauschgeschäfte

Haben Sie schon einmal etwas ohne Geld getauscht? Vielleicht ein Produkt, das Sie schon längere Zeit zu Hause, aber noch nie gebraucht haben, gegen das einer anderen Person, das Sie schon lange gesucht haben?

Vielleicht erinnern Sie sich ja auch noch an früher, an Ihre Kindheit. Für Kinder ist der Tausch in der Regel etwas ganz Normales, nach dem Motto: Fünf Murmeln gegen einen Sticker.

Oft tauschen die Kinder auch ihre Pausenbrote, zum Beispiel das Leberwurstbrötchen mit Tomate gegen ein Salamibrot. Bestimmt erinnern auch Sie sich noch an ein Tauschgeschäft in Ihrer Kindheit.

Seit es Menschen auf dieser Welt gibt, gibt es auch Tauschgeschäfte. Sie sind die älteste Geschäftsform überhaupt und funktionieren ganz einfach.

Waren oder Dienstleistungen eines Tauschpartners werden direkt gegen andere Waren oder Dienstleistungen eines anderen Tauschpartners getauscht, ohne ein gesetzliches Zahlungsmittel zu verwenden.

Dabei bietet das Tauschen von Produkten und Leistungen eine alternative Möglichkeit, unsere Konsumbedürfnisse kostengünstig und dazu möglichst rohstoff- und energiesparend zu befriedigen. Tauschen ist gerechter, kreativer und vor allem nicht auf die Gewinnmaximierung ausgelegt.

Gerade in Zeiten, in denen die Menschen immer weniger Einkommen zur Verfügung haben, können sie sich durch Tauschgeschäfte zusätzlich mit weiteren Waren und Dienstleistungen versorgen, die sie sich mit dem vorhandenen Einkommen nicht mehr leisten können oder wollen.

Vor allem aber in Krisenzeiten und Notsituationen sind die Menschen oft gezwungen, nach alternativen Möglichkeiten zu suchen, um ihre Bedürfnisse zu decken. Das Tauschmittel Geld fehlt dann fast überall.

Da man beim Tauschen kein Geld benötigt, blühen Tauschsysteme in solchen Zeiten regelrecht auf. Dadurch wirken sie konjunkturstabilisierend und schaffen eine neue Solidarität unter den Menschen verschiedener Schichten.

Nach dem Börsencrash von 1929 und der anschließenden Weltwirtschaftskrise stieg weltweit die Zahl der Arbeitslosen auf über 30 Millionen (1932 in Deutschland auf 6 Millionen).

Um diese Krise zu bewältigen, gab es in Europa und in den USA verschiedene Versuche und Selbsthilfe-Aktionen.

Das Experiment von Wörgl

Im Jahr 1932 startete ein erfolgreiches Experiment in der österreichischen Gemeinde Wörgl. Mehr als 10 Prozent der Einwohner waren damals arbeitslos und die Gemeinde hoch verschuldet.

Es war kein Geld vorhanden für dringend notwendige öffentliche Investitionen. Eine Situation, die für so manche deutsche Gemeinde auch heute Realität ist.

Der Bürgermeister der Gemeinde Wörgl wagte damals mit seinem ‚Nothilfe-Programm‘ ein ziemlich ungewöhnliches Experiment.

Von der Gemeinde wurde kurzerhand eigenes Geld herausgegeben, so genannte Arbeitswertbestätigungsscheine in der offiziellen Währung Schilling, mit dem Arbeitskräfte eingestellt und die dringend notwendigen öffentlichen Vorhaben wie der Bau einer Brücke, die Renovierung des Rathauses und die Kanalisierung eines Stadtteils realisiert werden konnten.

Viele Arbeitslose fanden durch dieses Experiment wieder Arbeit. Ihren Lohn bekamen sie in Form der Wörgler Scheine, mit denen sie ganz normal in den Geschäften der Gemeinde einkaufen konnten.

Und die Geschäftsleute konnten mit den eingenommenen Scheinen ihre Steuern an die Gemeinde zahlen. Auf diese Weise entstand ein kleiner geschlossener Geldkreislauf.

Damit das Geld auch kontinuierlich fließt und niemand auf die Idee kam, es zu horten oder damit sogar zu spekulieren, wurden die Scheine mit einem Coupon versehen, durch den sie jeden Monat 1 Prozent ihres Wertes verloren.

Diese Gebühr floss in Armenfonds und wurde also für weitere soziale Zwecke eingesetzt.

Der Bürgermeister von Wörgl hat mit diesem ungewöhnlichen Experiment 2 Dinge erreicht. Die Zahl der Arbeitslosen konnte erheblich reduziert werden und die Gemeinde war endlich wieder handlungsfähig, um öffentliche Bauvorhaben umzusetzen und Investitionen zu tätigen.

Doch trotz des Riesenerfolgs wurde das Wörgler Experiment nach einem Jahr aus machtpolitischen Gründen verboten. Vermutlich sah die Zentralbank ihre Stellung gefährdet, nachdem auch viele andere Gemeinden diesem Beispiel folgen wollten.

Auch in Deutschland gab es solche Experimente, ein Beispiel ist die Wära-Tauschgesellschaft in Schwanenkirchen (Oberpfalz). Auch sie konnte der Gemeinde in den Jahren 1929-1931 trotz Krise zu einem wirtschaftlichen Aufschwung verhelfen, bevor die Wära-Scheine 1931 verboten wurden.

Seniorengenossenschaften

1990 war das Geburtsjahr der ersten Seniorengenossenschaften in Deutschland. Diese Organisationen waren dem amerikanischen "Time Dollar" Modell ähnlich, doch speziell auf Senioren ausgerichtet. Ein erster Versuch, dem demografischen Wandel zu begegnen.

Dafür stellte das Land sogar finanzielle Mittel zur Verfügung. Zudem wurden die Seniorengenossenschaften wissenschaftlich begleitet.

Die Idee der Seniorengenossenschaften brachte der ehemalige Ministerpräsident Baden-Württembergs, Lothar Späth, von einem Besuch in den USA mit. Dort lernte er die sogenannten Babysitter- und Seniorenringe kennen und war sofort begeistert von dem einfachen Prinzip des Hilfeaustausches.

In Babysitter-Ringen schlossen sich beispielsweise Jugendliche, Erwachsene ohne Kinder und junge Eltern mit Kleinkindern zusammen, die sich gegenseitig halfen.

Damit die jungen Eltern auch mal an kulturellen oder sportlichen Veranstaltungen unbesorgt teilnehmen oder zeitaufwändige Behördengänge ohne Ihre Kinder erledigen konnten, betreuten die Jugendlichen während dieser Zeit die Kleinkinder und Babys dieser Eltern.

Die geleisteten Stunden wurden Ihnen auf einem Zeitkonto gutgeschrieben und berechtigen sie, später, wenn sie selbst Eltern sind, diese Dienstleistung dann ebenfalls in Anspruch zu nehmen. Dann von Jugendlichen oder Erwachsenen ohne Kinder, die sich dem Babysitter-Ring neu angeschlossen haben.

Es wurde ausschließlich Leistung gegen Zeit getauscht, dieser Tausch basierte auf Vertrauen. Teilweise waren auch ältere Menschen dabei, die für das Betreuen der Kinder Hilfeleistungen in Anspruch nehmen konnten.

Dagegen waren in den Seniorenringen nur ältere Menschen organisiert, die sich ebenfalls gegenseitig unterstützten.

Einige dieser Senioren waren noch sehr rüstig und leistungsfähig, andere waren aufgrund einer Krankheit oder des fortgeschrittenen Alters auf Hilfeleistungen angewiesen. Das Prinzip war auch hier ganz einfach.

Die noch rüstigen Senioren erbringen Hilfeleistungen für diejenigen, die diese heute benötigen. Damit erwerben sie im Gegenzug Anspruch auf Leistungen, die sie später, wenn sie selbst durch Krankheit oder wegen des fortgeschrittenen Alters auf Hilfeleistungen angewiesen sind, einlösen können.

Beide Initiativen bestanden und funktionierten in den USA schon lange Jahre.

Die Grundidee beider Systeme bestand darin, frühzeitig und ohne Geld Vorsorge zu treffen für verschiedene Situationen des Lebens, in die jeder von uns jederzeit selbst kommen kann. Und das in mitmenschlicher Art. Im Vordergrund steht das Ansparen von Zeitpunkten.

Dafür bedarf es keiner Verträge, keiner besonderen rechtlichen Organisationen und schon gar nicht den Staat. Eine entscheidende Voraussetzung ist das gegenseitige Vertrauen, denn wenn jemand eine ‚Vorleistung' für andere erbringt, muss er darauf vertrauen können, später auch selbst in den Genuss eines solchen Vorschusses der Leistungen zu kommen.

Von dieser Idee fasziniert, wollte Lothar Späth ein zusätzliches Modell der Altersvorsorge in Deutschland etablieren: die Zeitrente.

Mit diesem Modell sollte für jeden Beteiligten der Aufbau einer zusätzlichen Zeit-Vorsorge für spätere Hilfeleistungen bei der Bewältigung des alltäglichen Lebens möglich sein.

Dieses Modell hat sich bisher leider nicht etabliert. Dennoch gibt es heute rund 80 Nachbarschaftshilfen für Senioren in Deutschland.

Tauschringe, Tauschkreise und Co ...

Die Idee der Tauschringe stammt ursprünglich aus Kanada. Ende der 70er Jahre herrschte in der kanadischen Kleinstadt Courtenay hohe Arbeitslosigkeit. Dort wurde 1979 das erste ‚Local Exchange Trading System' (LETS), ein soziales Tausch-Netzwerk mit der Tauschwährung „Green Dollar" von Michael Linton gegründet, dem bis zu 600 Mitglieder angehörten.

Nachdem der allgemeine wirtschaftliche Aufschwung auch in Courtenay zu spüren war, löste sich dieser Tauschring Ende der 80er Jahre wieder auf.

Die Zeittausch-Systeme verbreiteten sich daraufhin in den 80er Jahren auch in den USA, in Australien, Neuseeland und auch in Großbritannien.

Anfang der 90er Jahre gelangt das Konzept auch nach Deutschland. Der erste deutsche Tauschring, der ‚döMak' (Döhlauer Mitarbeiterkredit), wurde 1992 in Döhlau (bei Halle a. d. Saale) von einem Pfarrer gegründet.

Er hatte die Idee, freiwillige Mitarbeit an einer Jugendbildungsstätte zu belohnen und zwar mit einem Zeitguthaben. Dieses konnte dann in verschiedenen Betrieben wieder ausgegeben werden.

Tauschringe sind meist Initiativen, die den geregelten Tausch von Gütern und Dienstleistungen zwischen Menschen ohne den Einsatz gesetzlicher Zahlungsmittel fördern.

Sie funktionieren nach dem Prinzip ‚Geben und Nehmen' und sind in der Regel lokal auf die Nachbarschaft ausgerichtet. Das kann ein Stadtteil, eine Gemeinde oder eine bestimmte Region sein.

Solche Tauschringe gibt es inzwischen auf der ganzen Welt, in Deutschland sind es rund 400.

Daneben gibt es im Internet immer mehr diverse tauschringartige Aktivitäten. Durch das Internet ist eine zunehmende überregionale Vernetzung der sonst eher regional tätigen Tauschringe überhaupt erst möglich.

Prinzipiell kann jeder Mitglied eines Tauschrings werden, vorausgesetzt er akzeptiert deren Teilnahmebedingungen. Demnach können sich sowohl Privatpersonen und Gewerbetreibende wie auch Firmen und Vereine und selbst ganze Kommunen beteiligen.

Wer sich zu einer Teilnahme am Tauschring entschließt, sollte bereit sein, etwas Neues auszuprobieren und sich auf ein anderes (neues) Bewertungssystem für Waren und Arbeitsleistung einzulassen.

Die Mitglieder eines Tauschringes tauschen ohne Geld einfach ihre Fähigkeiten und Waren. Die Angebote der einzelnen Tauschmitglieder werden entweder über eine regelmäßige „Marktzeitung" oder auch über eine Internetseite allen Mitgliedern zur Verfügung gestellt, die dann aus dem gesamten Angebot der Tauschgemeinschaft frei auswählen können.

So ist es möglich, jederzeit eine Leistung in Anspruch nehmen zu können, ohne dafür zeitgleich und personengebunden eine Gegenleistung erbringen zu müssen.

Jedes Tauschringmitglied hat ein Tauschkonto, über das sämtliche Tauschaktionen verrechnet werden. Die Bezahlung einer Leistung oder eines Produktes erfolgt über so genannte Tauschwährungen (Komplementärwährungen), die die Tauschringe selbst festlegen.

Diese Tauschwährungen haben die unterschiedlichsten Namen, wie beispielsweise Talente, Tiden, Knoten, Flöhe, Möpse, Blüten, Kreuzer, Kiesel, Kohlen, Dankeschöns, Prinzen, Knöpfe und ähnliche. Der Kreativität sind hier kaum Grenzen gesetzt.

In der Regel ist in allen Tauschringen ein Plus-/Minus-Kontolimit der jeweiligen Tauschwährung festgelegt.

Damit soll einerseits ermöglicht werden, dass neue Tauschmitglieder, die dringend eine Leistung benötigen, diese auch umgehend in Anspruch nehmen können, auch wenn auf ihrem Tauschkonto noch kein Guthaben besteht.

Ein Plus-Limit ist dabei jedoch wichtig, denn wenn jemand nur Dienste anbietet und selten welche in Anspruch nimmt, soll er oder sie dadurch animiert werden, sich der eigenen Bedürfnisse bewusst zu werden.

Andererseits soll mit einem Minus-Limit aber auch verhindert werden, dass einzelne Tauschringmitglieder das Tauschringsystem zu ihrem Vorteil ausnutzen.

Wer bei seinem Tauschringkonto das Minus-Limit erreicht hat, muss erst einmal selbst Leistungen anbieten, bevor er wieder Leistungen in Anspruch nehmen kann.

Jeder Tausch wird über das Tauschkonto des entsprechenden Tauschmitgliedes verrechnet. Zentrale Vermittlungsstellen (Tauschzentralen) führen die Tauschkonten und vermitteln die Tauschpartner.

Die Idee ist simpel und genial zugleich.

Und so sieht das in der Tauschring-Praxis aus …

Im Prinzip funktionieren alle Tauschringe nach einem ähnlichen Muster. Jeder, der mitmachen möchte, muss sich einmal registrieren und kann dann seine Angebote einstellen.

Für jedes Angebot, das von einem anderen Tauschmitglied in Anspruch genommen wird, bekommt man eine Gutschrift auf seinem Tauschring-Konto.

Für dieses Guthaben kann man dann selbst Angebote von anderen Tauschmitgliedern in Anspruch nehmen.

Und so geht's:

- Peter bietet **handwerkliche Hilfe**, die Andrea nach ihrem Umzug dringend sucht,

- Sie bietet **Babysitting** an, das Kerstin für ihre kleine Tochter in Anspruch nimmt,

- Kerstin schneidet Frank die Haare, dafür bietet er seinen **teuren Anzug**, kaum getragen,

- den Peter zur Feier seiner Silberhochzeit gern hätte.

Nach diesem Prinzip entsteht ein geschlossener Kreislauf. Durch diesen ‚Ringtausch' konnten sich 4 Personen mit ganz unterschiedlichen Angeboten individuelle Hilfe oder Sachen leisten, ohne einen Cent dafür zu bezahlen.

Die Teilnehmer bezahlen also die in Anspruch genommenen Leistungen oder Waren nicht mit Geld wie sonst üblich, sondern mit Waren und Dienstleistungen, die sie selbst anbieten. So kann jeder seine speziellen Fähigkeiten einbringen oder Sachen, die er nicht mehr benötigt, loswerden und diese mit anderen austauschen.

Die Tauschpartner vereinbaren vor dem Tausch die Verrechnungseinheiten für die Leistung oder Ware, die getauscht werden soll. Diese werden nach dem Tausch auf den jeweiligen Tauschkonten verbucht.

Dazu ein Beispiel:

Thomas lässt sich von Gabi die Haare schneiden, er gibt ihr für die halbe Stunde Arbeit 10 Verrechnungseinheiten (Tauschring-Währung).

Gabi nutzt die Verrechnungseinheiten, um sie gegen Marmelade und selbstgebackenes Brot einzutauschen.

Thomas hilft seiner Nachbarin bei der Wohnungsrenovierung und gleicht damit sein Konto aus: für 2 Stunden erhält er 40 Verrechnungseinheiten in der Tauschwährung.

Vor jeder Inanspruchnahme einer Leistung oder eines Produktes handeln die Tauschpartner den Wert dieser Leistung oder dieses Produktes in der entsprechenden Tauschwährung (Verrechnungseinheit) aus.

Nach einem erfolgreichen Tausch wird eine Tauschmitteilung (eine Art Scheck) ausgestellt und im Tauschringbüro eingereicht. Dort werden dann die auf der Mitteilung erfassten Verrechnungseinheiten auf den jeweiligen Konten verbucht.

Das Tauschangebot ist natürlich umso größer, je mehr Tauschmitglieder in einem Tauschring registriert sind und auch aktiv mitarbeiten.

Typische Tauschleistungen in Tauschringen sind unter anderem Dienstleistungen wie

- Reparaturen aller Art
- Hilfe bei der Wohnungsrenovierung oder beim Umzug
- Heimwerkerhilfsdienste
- Gartenhilfsdienste
- Näh- oder Bügelarbeiten
- Kinderbetreuung
- Nachhilfe
- Hilfsdienste im Haushalt und bei Partys
- Transporte und Botendienste
- Diverse Beratungsleistungen
- Sprach- oder Musikunterricht
- Fahrgemeinschaften
- Massagen
- PC-Hilfe und vieles mehr …

Typische Tauschprodukte in Tauschringen sind unter anderem

- verschiedene gebrauchte Güter (Secondhand)
- Obst und Gemüse aus dem eigenen Garten
- Milch- und Fleischprodukte aus der eigenen Landwirtschaft
- Selbstgemachte Lebensmittel wie Saft, Marmeladen und Gelees, Kekse, Brot und Ähnliches
- Bastelarbeiten und Kunsthandwerk
- Selbstgenähte Textilien
- Hobby- und Tischlerarbeiten
- Der Verleih verschiedener Güter

Eine ganz wesentliche Voraussetzung für einen funktionierenden Tauschhandel ist immer der Einsatz bzw. das Engagement jedes Einzelnen, der/das nicht nur im ‚Nehmen' bestehen darf, sondern auch im ‚Geben wollen'.

Welches Ziel verfolgen Tauschringe?

Ein wesentliches Ziel der Tauschringe besteht darin, eine alternative Wirtschaftsform in Form der organisierten Nachbarschaftshilfe zu erproben und aufzubauen.

Dabei steht das ökologische Wirtschaften nach dem einfachen Prinzip ‚Reparieren statt Wegwerfen' im Vordergrund.

Vorteile eines Tauschringes

Ein zunehmendes Problem unserer Gesellschaft besteht darin, dass es zwar jede Menge Arbeit gibt, doch mehr und mehr Menschen keinen Zugang mehr dazu finden, weil oft das Geld fehlt.

Gerade die Menschen, deren Arbeitskraft auf dem allgemeinen Arbeitsmarkt nicht mehr gefragt ist (Arbeitslose, Sozialhilfeempfänger und Rentner), haben immer mehr Zeit und immer weniger Geld zur Verfügung.

Doch jeder von ihnen hat ganz bestimmte Fähigkeiten, die gefragt sind. Da ist es naheliegend, diese Fähigkeiten und ihre Zeit anderen Menschen anzubieten und im Gegenzug dafür selbst Angebote zu nutzen, um die eigenen Konsumbedürfnisse ohne Geld zu decken.

Hier können Tauschringe helfen. Durch das Tauschen kann bei diesen Menschen das meist brachliegende Selbsthilfepotential reaktiviert werden.

Es gibt wohl nichts Schlimmeres, als zu Hause zu sitzen und das Gefühl zu haben, nicht mehr gebraucht zu werden.

So können Tauschringe vor allem für Menschen, die ihre Arbeit verloren haben, Hilfe zur Selbsthilfe sein.

Die Vorteile des Tauschens liegen auf der Hand. Selbst Menschen, die nur wenig Geld zur Verfügung haben, können sich als Mitglied eines Tauschringes Dinge leisten, die sie mit Geld normalerweise nicht bezahlen könnten.

Und sie müssen dem Anbieter nicht zeitgleich eine Gegenleistung erbringen. Diese kann zu einem späteren Zeitpunkt bei anderen Tauschpartnern/innen des Tauschrings geleistet werden.

Bezahlt wird also nicht mit Geld, sondern mit Zeit-Einheiten bzw. einer Tauschwährung. Diese sind/ist zinslos und frei von Lohnnebenkosten und Steuern.

Durch das Tauschen wird ein sparsamerer Umgang mit Geld gefördert. Die Menschen sind dadurch weniger abhängig vom Geld.

Tauschringe schaffen praktisch einen zusätzlichen Markt jenseits von Auftrags- und Termindruck und können dadurch für zusätzliche Nachfrage sorgen.

Da ein Tausch über größere Entfernungen aufgrund langer Wege schwieriger zu organisieren ist, sind die meisten Tauschringe lokal auf die Nachbarschaft ausgerichtet.

Das hat einen entscheidenden Vorteil, denn durch den Waren- und Leistungstausch wird die regionale Wirtschaft gefördert, da die Wertschöpfung in der Region bleibt.

Tauschringe fördern zudem die Kreativität und Phantasie der Tauschringmitglieder. Jeder kann seine Talente und Fähigkeiten einbringen, vor allem auch solche, die er oder sie bislang nicht nutzen.

Denn grundsätzlich kann jeder Mensch etwas, das er gerne tut und das auch anderen Menschen nützen kann. Und wenn das eigene Tun von anderen Menschen gebraucht und anerkannt wird, löst das ein schönes Gefühl aus und motiviert zum Weitermachen.

So können die Menschen durch das Tauschen in einem Tauschring wieder lernen, was es heißt, selbst frei zu entscheiden und auch selbst zu handeln.

Die Tauschring-Mitglieder werden so zu Mitgestaltern ihres eigenen Lebens, fühlen sich nicht mehr nur als Bittsteller wie so oft bei den staatlichen Ämtern, sondern machen die Erfahrung, dass ihre Arbeitskraft doch etwas wert ist und sie ihre Lebensqualität aus eigener Kraft verbessern können.

Das stärkt das Selbstbewusstsein jedes einzelnen Mitgliedes und hebt das eigene Selbstwertgefühl. Die soziale Gerechtigkeit wird dadurch ebenfalls erheblich gestärkt.

Außerdem fördert der Austausch zwischen den Menschen natürlich auch die Kommunikation, die Solidarität der Menschen und die sozialen Kontakte.

Tauschringe kombinieren also reale Alltagshilfe in Form von Waren und praktischen Dienstleistungen mit sozialem Miteinander.

Es bildet sich quasi ein kleines Netzwerk der organisierten Hilfe. Auf diese Weise können Tauschringe auch der Isolation und Vereinsamung von alleinstehenden oder älteren Menschen vorbeugen.

Daneben können Tauschringe auch einen entscheidenden Beitrag zu einem nachhaltigen Leben und Handeln leisten. Wenn Gebrauchsgegenstände repariert oder durch einen Tausch weiterverwendet werden, können Ressourcen geschont und Energiekosten eingespart werden. Und natürlich fällt dadurch auch viel weniger Abfall an.

Letztendlich können Tauschringe auch einen Beitrag dazu leisten, die zunehmende private Verschuldung zu mildern, denn Tauschringmitglieder brauchen nicht wie sonst üblich einen Kredit aufzunehmen, um sich notwendige oder zusätzliche Dinge leisten zu können.

Damit entfallen auch die oft horrenden Kreditzinsen, durch die schon viele Menschen in die Schuldenfalle geraten sind.

Tauschringe arbeiten grundsätzlich ohne Zinsen, das heißt, es gibt weder Zinsen auf Tauschguthaben noch müssen Zinsen für ein Minus auf dem Tauschkonto gezahlt werden. Somit ist der Tausch für alle Tauschringteilnehmer eine äußerst faire Sache.

Wenn Ihnen die Idee des Tauschens an sich gefällt, tauchen Sie doch einfach mal in die Welt der Tauschringe ein.

Auf dem Portal www.tauschringadressen.de finden Sie eine umfangreiche Übersicht und viele nützliche Informationen über alle in diesem Tauschringverzeichnis registrierten Tauschringe.

Durch die Gliederung in PLZ-Bereiche können Sie zielgerichtet nach Tauschringen in Ihrer näheren Umgebung suchen.

Muss ein Gewerbe angemeldet werden?

In der Regel sind Tauschpartner eines Tauschrings nicht von vornherein verpflichtet, ein Gewerbe anzumelden bzw. sich in die Handwerksrolle eintragen zu lassen.

Wer als Privatperson so genannte Bagatelltätigkeiten anbietet und diese auch nicht regelmäßig ausübt, muss kein Gewerbe anmelden.

Anders sieht es aus, wenn immer die gleichen Tätigkeiten häufiger ausgeübt werden, dann gelten sie als nachhaltige Tätigkeiten.

Laut Gewerberecht sind Tauschpartner, die eine auf Dauer angelegte und auf Gewinnerzielung gerichtete selbstständige Tätigkeit ausüben, als Gewerbetreibende einzustufen.

In dem Fall muss ein Gewerbe angemeldet werden. Ansonsten kann eine solche Tätigkeit als Schwarzarbeit angesehen werden.

Das Gewerbe, beispielsweise ‚Dienstleistungen aller Art‘, wird beim örtlichen Gewerbeamt angemeldet und kostet eine einmalige Gebühr von etwa 20 Euro.

Sind Tauschgeschäfte Schwarzarbeit?

Um Schwarzarbeit handelt es sich immer dann, wenn eine Person Dienst- oder Werkleistungen in erheblichem Umfang erbringt und diese der Bundesanstalt für Arbeit, einem Träger der gesetzlichen Kranken-, Unfall- oder Rentenversicherung oder einem Träger der Sozialhilfe nicht mitteilt, kein Gewerbe angemeldet hat oder gewerbsmäßig ein Handwerk selbstständig betreibt und nicht in die Handwerksrolle eingetragen ist.

Übersteigt das Entgelt aus diesen erbrachten Leistungen die Grenze für geringfügig Beschäftigte, gilt das oft als Indiz für Schwarzarbeit.

Zu den Einnahmen im Sinne des deutschen Einkommenssteuergesetzes zählt nicht nur verdientes Geld, sondern auch geldwertes Gut oder geldwerte Leistungen.

Das heißt, wenn Sie im Rahmen von Tauschgeschäften ein Produkt oder eine Dienstleistung professionell anbieten, müssen Sie diese geldwerten Sach- und/oder Dienstleistungen selbstverständlich versteuern.

Dabei wird die Höhe der Einnahmen nach dem gemeinen Wert des hingegebenen Produktes und/oder der erbrachten Dienstleistung berechnet.

Wer als Privatperson nur gelegentlich im Rahmen der „Nachbarschaftshilfe" Leistungen austauscht, darf monatlich bis zu 450 Euro steuerfrei dazu verdienen.

Im Zweifelsfall sollten Sie bei einem Steuerberater nachfragen…

Zusammenfassung des Kapitels:

Tauschgeschäfte

Seit es Menschen auf dieser Welt gibt, gibt es auch Tauschge-schäfte. Sie sind die älteste Geschäftsform überhaupt und funk-tionieren ganz einfach. Waren oder Dienstleistungen eines Tauschpartners werden direkt gegen Waren oder Dienstleistun-gen eines anderen Tauschpartners getauscht, ohne ein gesetzli-ches Zahlungsmittel zu verwenden.

Vor allem in Krisenzeiten und Notsituationen blühen Tauschsys-teme regelrecht auf, da das Tauschmittel Geld fast überall fehlt.

So startete nach dem Börsencrash von 1929 und der anschlie-ßenden Weltwirtschaftskrise im Jahr 1932 in Österreich das **Experiment von Wörgl**. Auch in Deutschland gab es solche Experimente, ein Beispiel ist die **Wära-Tauschgesellschaft** in Schwanenkirchen (Oberpfalz).

Seit 1990 gibt es **Seniorengenossenschaften** in Deutschland. Diese Organisationen waren dem amerikanischen "Time Dollar" Modell ähnlich, doch speziell auf Senioren ausgerichtet.

Die Idee der **Tauschringe** stammt ursprünglich aus Kanada, wo 1979 das erste ‚Local Exchange Trading System' (LETS), ein soziales Tausch-Netzwerk mit der Tauschwährung „Green Dol-lar" von Michael Linton gegründet wurde. Solche Tauschringe gibt es inzwischen auf der ganzen Welt, in Deutschland sind es rund 400.

Die Mitglieder eines Tauschringes tauschen ohne Geld einfach ihre Fähigkeiten und Waren und fördern dadurch die regionale Wirtschaft, da die Wertschöpfung in der Region bleibt.

Wenn Sie nicht gleich in einem Tauschring aktiv werden möchten, Ihnen die Idee des Tauschens jedoch gefällt, dann versuchen Sie doch einfach selbst mal einen Tausch zu organisieren. Das ist gar nicht so schwer.

Nachfolgend finden Sie simple Beispiele dafür.

Private Tausch-Partys

Frauen haben ja ab und an das Problem, dass ihr Kleiderschrank proppenvoll ist, sie darin aber doch nichts Passendes zum Anziehen finden.

Meist liegt es daran, dass man viele seiner Kleidungsstücke schon oft getragen und sich mit der Zeit einfach übergesehen hat.

Zwar sind die Sachen noch relativ gut erhalten, dennoch würde man gern wieder mal ein schickes neues Teil tragen. Doch dafür reicht momentan einfach nicht das Geld. Und Platz im Kleiderschrank ist ja auch nicht mehr.

Was kann man in dieser Situation tun?

Nun, zunächst einmal könnte man den Kleiderschrank ausmisten und alles was nicht mehr gut aussieht oder gar zerschlissen ist, entsorgen. Wahrscheinlich werden aber die meisten Kleidungsstücke noch gut erhalten und damit viel zu schade zum Wegschmeißen sein.

Möglicherweise könnte sie jemand anderes noch gut gebrauchen und würde sich sogar noch darüber freuen. Und vielleicht geht es demjenigen ganz ähnlich - Kleiderschrank voll und doch nichts Passendes zum Anziehen.

Da würde sich doch ein Kleidungstausch förmlich anbieten, am besten im Bekannten- oder Freundeskreis im Rahmen einer privaten Tauschparty. Damit können Sie ganz einfach und vor allem ohne Geld für Abwechslung im Kleiderschrank sorgen.

Fragen Sie doch einfach mal ein paar Ihrer Freund(e)innen, ob sie auch Klamotten im Schrank haben, die sie schon lange nicht mehr getragen haben, obwohl diese noch einwandfrei sind. Und dann laden Sie sie einfach mal zu einer Tauschparty ein.

Da kann dann jeder die Sachen mitbringen, die er/sie mal gern getragen hat, aber nun nicht mehr anzieht. Das können natürlich auch Schuhe oder Accessoires, wie Schmuck, Handtaschen, Gürtel, Tücher usw. sein.

Alle können sich die Sachen anschauen, anprobieren und bei Gefallen natürlich mitnehmen. Nachdem alle Sachen getauscht sind, kann man mit einem Glas Wein oder Sekt auf den Erfolg der Tauschparty anstoßen und den Abend gemütlich ausklingen lassen.

Auf diese Weise kann jeder Teilnehmer der privaten Tauschparty seine nicht mehr benötigten Klamotten loswerden und sich gleichzeitig ‚neu' einkleiden, ohne dafür Geld auszugeben.

Eine tolle Idee, die nicht nur Ihnen und Ihrem Kleiderschrank gut tut, sondern auch unserer Umwelt. Denn durch den Tausch der Kleidung sorgen Sie für die Wiederverwendung bestehender und gut erhaltener Kleidung und vermeiden damit zusätzliche Produktion.

Im Rahmen solcher privater Tauschpartys können natürlich nicht nur Kleidungsstücke und Accessoires getauscht werden. Auch Bücher, CDs und DVDs oder ähnliches, die Sie nicht mehr benötigen und ein anderer vielleicht gern hätte, können auf diese Weise einen neuen Besitzer finden, ohne dass dieser dafür Geld ausgeben muss.

Kleidertauschbörse

Wenn Sie nur ungern im Bekannten- und Freundeskreis tauschen möchten, können Sie Ihre ausgemusterte, aber noch gut erhaltene Kleidung beispielsweise auch in einer Kleidertauschbörse gegen ‚neue' Kleidung tauschen.

Solche Veranstaltungen gibt es bereits in vielen Städten in ganz Deutschland. Wenn Sie wissen möchten, ob es so etwas in Ihrer Nähe auch gibt, hilft Ihnen das Internet. Googlen Sie doch einfach mal nach ‚Kleidertauschbörse + Ihre Stadt'.

Online Tauschbörse

Wer keine Lust oder keine Möglichkeit findet, direkt vor Ort zu tauschen, dem bietet natürlich auch das Internet viele Möglichkeiten.

Ein Beispiel ist die Online Tauschbörse www.tauschticket.de, die zunächst mit einem Büchertausch startete und inzwischen die Möglichkeit bietet, neben Filmen, Musik, Spielen und Hörbüchern auch Mode und ‚alles Mögliche' zu tauschen.

Auf dieser Plattform kann sich jeder kostenlos ein virtuelles Tauschregal einrichten und dort die Dinge einstellen, die er nicht mehr benötigt.

Ein Buch wird beispielsweise mit der ISBN-Nummer eingestellt. Dazu geben Sie an, wie viele Tauschtickets Ihnen das Buch wert ist.

Möchte ein anderer dieses Buch gern haben, kann er es gegen die Tauschtickets eintauschen, die Ihnen beim Versand des Buches gutgeschrieben werden. Für diese Tickets können Sie dann selbst einen oder mehrere Artikel dieser Plattform anfordern.

Versand und Portokosten übernimmt jeweils der Anbieter. Daneben fallen noch je Artikel 0,49 Euro Tauschgebühren an.

Sie sehen, man muss nicht immer gleich alles neu kaufen. Durch einen Tausch kann man mit wenig Aufwand und ohne Geld viel verändern und dabei noch unserer Umwelt etwas Gutes tun.

Außergewöhnliche Wohngemeinschaft

In Großstädten wie München, Köln oder Berlin ist die Suche nach einer Wohnung für Studenten zum Studienbeginn immer wieder eine große Herausforderung.

Einerseits ist gerade dann der Andrang groß und oft ist dort Wohnraum kaum noch bezahlbar.

Andererseits haben viele Senioren häufig große Wohnungen oder Häuser, die sie meist nur noch alleine bewohnen. Ambulante Pflegedienste kommen oft nur stundenweise, vor allem nachts sind die Senioren alleine. Und Hilfe im Haushalt können sie sich in der Regel nicht leisten.

Eine spezielle Situation, aus der 1995 Studenten der Uni Darmstadt eine Idee zu einem Projekt "Wohnraum für Hilfe" entwickelten. Inzwischen wird dieses Projekt bundesweit angeboten.

Der Grundgedanke der Idee besteht darin, dass ältere Menschen mit einem gewissen Hilfebedarf und einer großen Wohnung, ein Zimmer an alleinstehende jüngere Menschen vermieten und der Mieter im Gegenzug monatlich eine Stunde Hilfe pro vermietetem Quadratmeter ableistet.

Lediglich die anfallenden Nebenkosten müssen noch vom Mieter bezahlt werden.

So außergewöhnlich diese Wohngemeinschaft auch ist, so groß ist die Nachfrage auf beiden Seiten. Nicht nur der finanzielle Aspekt spielt dabei eine Rolle. Damit wird vor allem auch das Zusammenleben verschiedener Generationen gefördert.

Der Wohnungs- oder Haustausch - ungewöhnlich und doch möglich

Eine günstige Alternative zum üblichen teuren Urlaub besteht im Wohnungs- oder Haustausch. Das funktioniert an sich ganz einfach.

Man stellt das eigene Zuhause einem anderen Tauschpartner für einen zuvor vereinbarten Zeitraum zur Verfügung. Dabei ist prinzipiell alles möglich, worauf sich die Tauschpartner einigen.

Mit mehr als 60 Jahren Erfahrung ist HomeLink eines der weltweit größten Haustausch-Netzwerke.

Auf der Webseite http://www.homelink.de/ können sich Tauschwillige kostenlos als Mitglied registrieren und dann aus dem riesigen Angebot ein passendes Domizil auswählen. Entweder man tauscht direkt und zeitgleich mit einem Tauschpartner, beispielsweise für die Urlaubszeit.

Ein Tauschpartner lebt vielleicht in einer Großstadt und möchte gern seinen Urlaub am Meer verbringen. Ein anderer Tauschpartner wohnt direkt am Meer und möchte gern im Urlaub das pulsierende Großstadtleben erleben.

Dann vereinbaren beide für den gleichen Zeitraum ihre Wohnungen oder Häuser zu tauschen, nach dem Motto „Ich wohne bei Ihnen, Sie wohnen bei mir".

Andere Mitglieder tauschen ihre Wohnungen oder Häuser auch zeit-versetzt – eine beliebte Variante, wenn es um Ferienwohnungen geht. Solche Tausch-Vereinbarungen sind sogar über längere Zeit-räume möglich.

Beliebt bei den Mitgliedern von HomeLink ist auch das Haushüten: Während das eine Mitglied in den Urlaub verreist, hütet ein anderes Mitglied das Haus und kümmert sich um Garten und Haustiere. Der Haustausch mit HomeLink ist immer kostenlos und basiert auf dem Prinzip von Gegenseitigkeit und Vertrauen.

Wenn Sie einen Wohnungstausch für ihren nächsten Urlaub in Be-tracht ziehen und diese kostengünstige Variante gern mal ausprobie-ren möchten, sollten Sie jedoch vor dem Tausch Ihre Versicherun-gen prüfen.

Es sollte auf jeden Fall eine private Haftpflichtversicherung und eine Hausratversicherung mit einer ausreichenden Deckungssumme vor-handen sein.

Sinnvoll ist es auch, vorher mit dem Versicherer zu klären, ob Ihre private Haftpflichtversicherung auch Schutz im Ausland bzw. bei einem Wohnungstausch bietet.

Haben Sie alles Wichtige geklärt, steht dem Haustauschurlaub nichts mehr im Wege. Genießen Sie einmal die schönsten Tage im Jahr in privater und authentischer Atmosphäre, anstatt im Hotel.

Aus solchen Tauschgeschäften können sich auch ganz besondere Urlaubsbekanntschaften ergeben.

Zusammenfassung der Kapitel:

Private Tausch-Partys

Wenn Sie nicht gleich in einem Tauschring aktiv werden möchten, Ihnen die Idee des Tauschens jedoch gefällt, dann können Sie mit einem Kleidungstausch im Bekannten- oder Freundeskreis im Rahmen einer privaten Tauschparty ganz einfach und ohne Geld für Abwechslung im Kleiderschrank sorgen.

Kleidertauschbörse

Wer nur ungern im Bekannten- und Freundeskreis tauschen möchte, kann seine ausgemusterte, aber noch gut erhaltene Kleidung in einer Kleidertauschbörse tauschen.

Online Tauschbörse

Wer keine Lust oder keine Möglichkeit findet, direkt vor Ort zu tauschen, kann im Internet fündig werden. Die Online Tauschbörse www.tauschticket.de bietet inzwischen die Möglichkeit, neben Büchern, Filmen, Musik, Spielen und Hörbüchern auch Mode und ‚alles Mögliche' zu tauschen.

Außergewöhnliche Wohngemeinschaft

Der Grundgedanke besteht darin, dass ältere Menschen mit einem gewissen Hilfebedarf und einer großen Wohnung, ein Zimmer an alleinstehende jüngere Menschen vermieten und diese im Gegenzug monatlich eine Stunde Hilfe pro vermietetem Quadratmeter ableisten.

Der Wohnungs- oder Haustausch

Eine günstige Alternative zum üblichen teuren Urlaub besteht im Wohnungs- oder Haustausch. Mit mehr als 60 Jahren Erfahrung ist HomeLink eines der weltweit größten Haustausch-Netzwerke.

Tauschgeschäfte unter Geschäftsleuten

Tauschgeschäfte gehören ja zu den ältesten Geschäftsformen, die es gibt und können auch für Unternehmen äußerst lukrativ sein.

Obwohl es in unserem heutigen, modernen Wirtschaftssystem üblich ist, ein Produkt oder eine Leistung mit Geld (Bargeld oder per Überweisung) zu bezahlen, ist es dennoch nicht zwingend.

Als Unternehmer können Sie prinzipiell Ihre Waren oder Dienstleistungen auch im Tausch gegen Produkte oder Leistungen von anderen Unternehmen anbieten, die Sie dringend benötigen, aber momentan nicht mit Geld bezahlen können.

Tauschgeschäfte können vor allem für Existenzgründer und finanzschwache Selbstständige, die sich noch im Aufbau ihres Unternehmens befinden, eine wunderbare Gelegenheit sein.

Sie können sich so beispielsweise notwendige Produkte und Dienstleistungen beschaffen, ohne einen Cent dafür auszugeben. Ein unschätzbarer Vorteil gerade zu Beginn des Unternehmensaufbaus, wo die finanziellen Mittel noch nicht immer ausreichend zur Verfügung stehen.

Sie können Tauschgeschäfte generell auf 2 unterschiedliche Arten einsetzen:

1. Mal angenommen, Sie benötigen dringend ein Produkt oder eine Dienstleistung von einem anderen Anbieter, haben derzeit jedoch nicht das nötige Kleingeld dafür.

Nach einem ersten Gespräch mit dem anderen Anbieter haben Sie das Gefühl, dieser könnte möglicherweise auch das eine oder andere Ihrer Produkte oder Dienstleistungen gut gebrauchen.

Dann nutzen Sie die Situation und schlagen ihm einfach ein Tauschgeschäft vor.

2. Möglich wäre auch, dass ein Kunde Produkte bei Ihnen kaufen möchte, sein finanzielles Budget dafür jedoch nicht ausreichend ist.

Auch diese Situation könnten Sie für sich nutzen und überlegen, ob Ihr Kunde etwas in seinem Angebot hat, das Sie gebrauchen und gegen Ihre Produkte tauschen möchten.

In beiden Fällen können Sie und Ihr Tauschpartner profitieren, denn beide sparen eine Menge Geld. Und nicht nur das, ohne diese Tauschgeschäfte würden Sie diese Kunden vielleicht gar nicht bekommen.

Tauschgeschäfte sind für Sie also eine gute Gelegenheit, Ihren potentiellen Kundenkreis ohne großen Aufwand und teure Werbekampagnen erheblich zu erweitern. Daraus können sogar langfristige Geschäftsbeziehungen entstehen.

Sie sollten sich allerdings zunächst bei Ihrem Steuerberater oder direkt beim Finanzamt erkundigen, wie Sie Ihre Tauschgeschäfte erfassen und belegen müssen.

Auch wenn kein Geld fließt, sind diese Geschäfte doch steuerpflichtig.

Tauschgeschäfte und Steuern

Grundsätzlich unterliegen Tauschgeschäfte der Einkommens- und Gewerbesteuer wie auch der Umsatzsteuer.

Einkommenssteuer

Einnahmen aus Tauschgeschäften zählen als geldwerter Vorteil und sind daher auch einkommenssteuerpflichtig. Zu unterscheiden ist hierbei, ob die Leistungen als Privatperson oder innerhalb eines bestehenden oder neu angemeldeten Gewerbes angeboten werden.

Besteht bereits ein Gewerbe und der Gewerbetreibende betreibt zusätzlich noch Tauschgeschäfte, dann muss er die Einnahmen aus den Tauschgeschäften zu den sonstigen Einnahmen (in Euro) dazu addieren und gemeinsam versteuern, unter Berücksichtigung der Freibeträge.

Wer Tauschgeschäfte gewerblich betreibt und dafür ein neues Gewerbe anmeldet, muss jede geschäftliche Einnahme steuerlich erfassen. Im Gegenzug hat er die Möglichkeit, Ausgaben im Zusammenhang mit den Tauschgeschäften von der Steuer abzusetzen.

Das könnten beispielsweise Kosten für Büromaterial, Werkzeug, Telefon- oder Fahrtkosten und Ähnliches sein.

Ein Selbstständiger, der als Privatperson Tauschgeschäfte anbietet, muss geringfügige Leistungen steuerlich nicht angeben. Ob die Leistungen steuerlich relevant sind oder nicht, ist im Wesentlichen auch davon abhängig, ob seine gesamten Einnahmen aus Tauschgeschäften ausschließlich mit ein und derselben Tätigkeit erzielt wurden oder nicht.

Wenn ja, dann wäre die entsprechende Tätigkeit nachhaltig und damit steuerlich relevant. Konkrete Auskünfte dazu sollten Sie sich unbedingt bei einem Steuerberater holen.

Ein Angestellter, der als Privatperson Tauschgeschäfte anbietet, darf monatlich bis zu 450 Euro steuerfrei dazu verdienen.

Umsatzsteuer

Grundsätzlich handelt es sich bei Tauschgeschäften um Umsätze lt. § 3 Absatz 12 UStG.

Bei einem Tausch besteht das Entgelt für eine Lieferung (Ware) in einer Lieferung (Ware). Ein tauschähnlicher Umsatz liegt dann vor, wenn das Entgelt für eine sonstige Leistung (Dienstleistung) in einer Lieferung oder einer sonstigen Leistung (Ware oder Dienstleistung) besteht.

Umsatzsteuer fällt immer dann an, wenn ein Tauschpartner eine berufliche oder selbstständige Tätigkeit nachhaltig ausübt (auch ohne Gewinnerzielungsabsicht) oder auch eine Personenvereinigung nur ihren Mitgliedern gegenüber tätig wird.

Der Wert der Lieferung oder Leistung des Tauschpartners wird dabei als Entgelt und Bemessungsgrundlage für die Umsatzsteuer herangezogen.

Gewerbebetriebe, die Mitglied in einem Tauschring sind, können auch die so genannte Kleinunternehmerregelung in Anspruch nehmen.

Das bedeutet, für die an sich steuerpflichtigen Umsätze wird aus Vereinfachungsgründen keine Umsatzsteuer erhoben, sofern im vorangegangenen Kalenderjahr der Jahresumsatz zuzüglich Umsatzsteuer maximal 17.500 Euro betrug und voraussichtlich im laufenden Kalenderjahr den Betrag von 50.000 Euro nicht übersteigen wird (§ 19 UStG).

Anrechnung der Arbeit in Tauschringen auf Sozialleistungen

Da es für Tauschsysteme keine speziellen Vorschriften gibt, gelten in dem Fall die allgemeinen Vorschriften des Sozialrechts.

Nach dem Arbeitsförderungsgesetz (AFG) schließt eine selbstständige oder unselbstständige Tätigkeit von mindestens 15 Stunden pro Woche eine Arbeitslosigkeit im Sinne des Leistungsrechts aus.

Das bedeutet, wer 15 Wochenstunden und mehr in einem Tausch-ring tätig ist, hat keinen Anspruch auf Arbeitslosengeld oder Arbeitslosenhilfe. Dabei kommt es nicht auf die Höhe des durch die Nebenbeschäftigung erzielten Einkommens an.

Eine Nebenbeschäftigung in einem Tauschring von weniger als 15 Stunden pro Woche, schließt die Arbeitslosigkeit nicht aus. Das dabei erzielte wöchentliche Einkommen bleibt bis zur Höhe von 15,34 Euro anrechnungsfrei.

Einkommen, das über diesem Betrag liegt, wird zur Hälfte auf das Arbeitslosengeld angerechnet. Allerdings dürfen Arbeitslosengeld und Nebeneinkommen zusammen 80 v. H. des maßgeblichen Nettoarbeitsentgelts nicht übersteigen.

Für die Arbeitslosenhilfe gelten die gleichen Regeln, wobei zusätzlich auch das Einkommen des vom Arbeitslosen nicht dauernd getrennt lebenden Ehegatten bzw. das Einkommen der mit dem Arbeitslosen in eheähnlicher Gemeinschaft lebenden Person berücksichtigt wird, sofern es den Freibetrag übersteigt.

Zum anrechenbaren Einkommen gehören nach dem Bundessozialhilfegesetz (BSHG) alle Einkünfte in Geld sowie erzielte geldwerte Vorteile ohne Berücksichtigung der Herkunft und Rechtsnatur.

Es spielt dabei auch keine Rolle, ob die Einkünfte der Steuerpflicht unterliegen oder nicht. Danach müssen Einkünfte aus Tauschgeschäften entsprechend den geltenden Verordnungen berücksichtigt werden, denn sie mindern die Bedürftigkeit.

Da bei einem Tauschgeschäft nicht mit Geld bezahlt wird, sondern Waren oder Dienstleistungen erbracht werden, die im Gegenzug dazu berechtigen, selbst Waren oder Dienstleistungen zu erhalten, wird für die Berechnung als Wert der zu beanspruchenden Waren oder Dienstleistungen deren Verkehrswert eingesetzt.

In dem Zusammenhang ist auch zu beachten, dass jeder Hilfesuchende seine Arbeitskraft zur Beschaffung seines Lebensunterhalts und den seiner unterhaltsberechtigten Angehörigen einsetzen muss.

Das schließt grundsätzlich die Annahme einer Arbeit aus, bei der ein Hilfesuchender für den Einsatz seiner Arbeitskraft keine Leistung bekommt, mit der er seinen sozialhilferechtlichen Bedarf decken kann.

Arbeitslose müssen nach § 100 Arbeitsförderungsgesetz (AFG) der Arbeitsvermittlung zur Verfügung stehen, das heißt, sie müssen das Arbeitsamt täglich aufsuchen können und für das Amt erreichbar sein.

Dank moderner Technik (Handy) kann ein Arbeitsloser diese Bedingung auch als aktives Mitglied eines Tauschrings erfüllen.

Bislang ist noch kein Tauschring in der Lage, die materielle Existenz seiner Mitglieder zu sichern.

Die Mitglieder müssen also Ihren Lebensunterhalt auf herkömmliche Weise sichern, sprich durch Arbeitseinkommen, durch staatliche Leistungen bei Erwerbslosen oder durch die Rente.

Die Aktivitäten in einem Tauschring können also nur eine Zugabe sein, die jedoch bereits von vielen Menschen als wertvoll gesehen wird.

Soweit unsere Informationen zum Thema ‚Tauschen statt kaufen'. Auf den nächsten Seiten möchten wir Ihnen nun noch die Finanz-Plan-Idee vorstellen, die Ihnen ebenfalls helfen kann, jederzeit gut mit Ihrem Geld auszukommen.

Zusammenfassung der Kapitel:

Tauschgeschäfte unter Geschäftsleuten

Tauschgeschäfte gehören zu den ältesten Geschäftsformen, die es gibt und können auch für Unternehmen äußerst lukrativ sein. Als Unternehmer können Sie prinzipiell Ihre Waren oder Dienstleistungen auch im Tausch gegen Produkte oder Leistungen von anderen Unternehmen anbieten, die Sie dringend benötigen, aber momentan nicht mit Geld bezahlen können.

Grundsätzlich unterliegen Tauschgeschäfte der Einkommens- und Gewerbesteuer wie auch der Umsatzsteuer.

Anrechnung der Arbeit in Tauschringen auf Sozialleistungen

Für Tauschsysteme gibt es keine speziellen Vorschriften, daher gelten die allgemeinen Vorschriften des Sozialrechts.

Nach dem Arbeitsförderungsgesetz (AFG) schließt eine selbstständige oder unselbstständige Tätigkeit von mindestens 15 Stunden pro Woche in einem Tauschring eine Arbeitslosigkeit im Sinne des Leistungsrechts aus.

Einkünfte aus Tauschgeschäften mindern die Bedürftigkeit und müssen entsprechend den geltenden Verordnungen berücksichtigt werden. Da bei einem Tauschgeschäft nicht mit Geld bezahlt wird, sondern Waren oder Dienstleistungen erbracht werden, die im Gegenzug dazu berechtigen, selbst Waren oder Dienstleistungen zu erhalten, wird für die Berechnung als Wert der zu beanspruchenden Waren oder Dienstleistungen deren Verkehrswert eingesetzt.

Bislang ist noch kein Tauschring in der Lage, die materielle Existenz seiner Mitglieder zu sichern.

Die Finanzplan-Idee

Hier möchten wir Ihnen noch einige Tipps geben, damit Sie einfach gut mit Ihrem Geld auskommen. Das ist nämlich viel einfacher, als allgemein angenommen wird, wenn, ja wenn man es sich nicht selbst unnötig schwer macht.

Aber immer der Reihe nach. Im Grunde sind lediglich drei Schritte nötig. Wir nennen sie die ‚3 Schritte der Finanzplan-Idee'.

Wenn Sie diese 3 Schritte nacheinander gehen, werden Sie viel schneller wohlhabend werden, als Sie vielleicht denken.

Wie genau funktioniert nun die Finanzplan-Idee? Was sind die einzelnen Schritte?

Schritt 1: Die Finanzplan Software und Kurse

Sie besorgen sich zunächst den Finanzplan in Excel (als Download oder auf CD). Die Software ist Shareware, Sie können sie also zunächst unverbindlich ausprobieren, ob Sie damit zurechtkommen, ob es Ihnen einleuchtend erscheint und so weiter.

Wenn Ihnen die Software zusagt, bestellen Sie sich den Lizenzcode für die gewünschte und passende Version. Den Finanzplan gibt es in 3 Ausführungen:

- Als EasyEdition   (für Berufsstarter und Teilzeitkräfte)
- Als PlusEdition   (für alle nicht Selbstständigen)
- Als ProEdition   (für Selbstständige in Deutschland)

Jetzt legen Sie Ihren Finanzplan an. Das bedeutet, dass Sie ihn mit Ihren eigenen Daten füttern. Um die Software schnell zu verstehen und die Anwendung sofort in der Praxis umsetzen zu können, gibt es 3 Möglichkeiten:

- Sie erarbeiten sich alles selbst
- Sie holen sich den Finanzplan E-Learningkurs
- Sie besuchen einen Online Workshop bei uns

Allein durch das Anlegen des Finanzplans und das damit verbundene Eintragen der einzelnen Ausgaben ergibt sich sehr oft bereits ein ‚Aha-Effekt'.

Vielen wird erst jetzt klar, wohin das ganze Geld fließt, und warum man (oftmals) eigentlich so viel Geld pro Monat benötigt.

In dem E-Learningkurs und dem Online Workshop geht es dann auch darum, dass jeder seine eigenen Geldziele festlegt:

- Was will ich mit Geld überhaupt erreichen?
- Was bedeutet Geld für mich?
- Was soll Geld für mich tun?
- Was mir Geld alles ermöglicht.
- Was kann ich auch ohne Geld genießen?
- Und wir suchen mit Ihnen gemeinsam eine Einstellung zum Thema Geld, die ihm einen gesunden Platz in Ihrem Leben gibt.

Hier finden Sie die passenden Internetlinks:

Den Download der kostenfreien Shareware finden Sie hier:
http://www.mein-finanzbrief.de/Downloadbereich.htm

Beim Anlegen Ihres Finanzplans haben Sie 3 Möglichkeiten:
Entweder erkunden Sie die Software alleine oder Sie nutzen den E-Learningkurs, der die Software mit vielen Filmen, die Sie am PC ansehen können, genau erläutert.

Wir wollen es Ihnen angenehm machen. Für alle Neueinsteiger in die Finanzplan-Idee gilt jetzt: Planen Sie statt mit betriebswirtschaftlichen Auswertungen – die nur die Vergangenheit zeigen – mit dem Finanzplan Ihre Zukunft!

Denn: "Wer sich um sein Geld kümmert, hat auch welches!"

Die absolut angenehmste und gleichzeitig effektivste Art, sich seinen eigenen Finanzplan anzulegen, ist aber nach wie vor der persönlich von uns betreute Online Workshop.

Hier haben Sie uns für die gesamte Dauer des Workshops an Ihrer Seite. Wir helfen Ihnen jederzeit bei allen Fragen und Problemen weiter und führen Sie ohne Umwege auf dem direkten Weg durch Ihren Finanzplan.

Alle aktuellen Termine, die Kosten und Dauer der Online Workshops finden Sie hier: http://www.workshopweb.de/

Noch eine Anmerkung für alle Selbstständigen:

Die ProEdition ist fast schon ein „Segen". Die ProEdition ist das absolute Highlight des FinanzplanTeams und wurde für Selbstständige entwickelt. Wir vom FinanzplanTeam verwenden für unsere Finanzen alle die ProEdition.

Mit der ProEdition können Sie mit 3 Mausklicks ermitteln, wie viel Sie für Ihre Einkommen- und Gewerbesteuer auf die Seite legen müssen, wenn es geschäftlich so weiterläuft wie bisher. Alle Kosten werden (mit den notwendigen Steuerrücklagen zusammen) Ihren Einnahmen gegenübergestellt und der Ihnen verbleibende Netto-Freiraum wird ermittelt.

Durch diese einzigartige Hochrechnung haben Sie zu jedem beliebigen Zeitpunkt des Jahres den Überblick über das gesamte Jahr. Durch die ProEdition sind Sie so insbesondere vor ‚Überraschungen' Ihres Finanzamtes sicher.

Den größten Vorteil, den man durch die Anwendung der ProEdition hat, sind die verschiedenen Möglichkeiten der 'Was wäre wenn - Analyse". Dabei speichern Sie Ihre ProEdition einfach unter einem anderen Dateinamen ab und testen, wie sich Ihr Gewinn oder Ihre Situation verändern würde, wenn Sie dies oder jenes tun oder lassen.

Wir nennen diese Planspiele 'Cappuccino Zeit'. Das ist das Beste, was Sie als Selbstständiger für sich und Ihre Finanzen tun können. Da trifft der Satz "Oft ist es sinnvoller über sein Geld nachzudenken, als nur dafür zu arbeiten" wirklich voll zu.

Planen Sie ab jetzt statt mit betriebswirtschaftlichen Auswertungen – die nur die Vergangenheit zeigen – Ihre Zukunft! Sie werden merken: Je transparenter und ehrlicher Sie planen, desto besser und motivierter werden Sie sein.

Zusammenfassung des 1. Schrittes:

Folgende Vorteile ergeben sich für Sie durch den Einsatz des Finanzplans:

- Sie sind beim Thema Finanzen ab sofort viel sicherer.
- Sie gewinnen mehr Ruhe für sich und Ihre Zukunft.
- Sie fühlen sich einfach besser im Umgang mit Ihrem Geld.
- Selbstständige und Freiberufler machen mehr Gewinn.
- Ihre finanzielle Situation ist überschau- und vorhersehbar.
- Sie treffen bessere Finanzentscheidungen für sich.
- Das Thema Geld bereitet Ihnen kein Bauchweh mehr.

Schritt 2: Der GeldSparKurs

Wenn der Finanzplan angelegt ist, geht es mit dem 2. Schritt weiter. Hier kommt der GeldSparKurs ins Spiel, der seit November 2007 bei uns erhältlich ist.

In mehr als 25 Jahren habe ich über 1.000 Beratungen zum Thema Geld und Finanzen geführt. Dabei ist mir immer wieder aufgefallen, dass wohlhabende Menschen bestimmte Dinge bei ihrem Umgang mit Geld einfach richtiger machen als Menschen, die (noch) nicht so gut mit ihrem Geld auskommen.

Und, um das gleich vorweg zu sagen, das hat überhaupt nichts damit zu tun, dass wohlhabende Menschen klüger sind. Ihnen stehen oftmals lediglich bessere Informationen zur Verfügung, und sie können sich natürlich sehr häufig auch die besseren Berater leisten.

Im GeldSparKurs finden Sie die Verhaltens- und Vorgehensweisen, die nachweislich dazu führen, dass man im täglichen Leben weniger Geld benötigt und somit mehr für sich selbst auf die Seite legen kann.

Damit steht dieses Wissen nun erstmals allen zur Verfügung, die sich dafür interessieren, wie man leichter lebt - mit weniger Kosten.

Was aber machen nun diejenigen anders, die ständig über genügend Mittel verfügen?

Wohlhabende Menschen denken zum Beispiel anders in Bezug auf ihr Geld. Sie verhalten sich anders, sie gehen sorgfältiger mit ihren Mitteln um und denken - bereits im Vorfeld - viel mehr über ihre Einnahmen und Ausgaben nach.

Wohlhabende treffen die besseren Anlageentscheidungen und bringen sich dadurch in eine sehr komfortable Situation.

Sie vermeiden es, Banken, Bausparkassen, Versicherungen und Investmentgesellschaften hohe Gebühren 'in den Rachen zu werfen'. Genau so, wie sie es vermeiden, Geld für Dinge auszugeben, die sie nicht wirklich brauchen.

Im GeldSparKurs finden Sie die Essenz dessen, was wohlhabende Menschen richtig machen. Sie erhalten dieses Wissen in gebündelter Form. Leicht verständlich formuliert, so dass man es auch als 'Nicht-Experte' verstehen und für sich einsetzen kann.

Sie finden heraus, was wohlhabende Menschen anders machen und profitieren davon, indem Sie sich selbst ebenfalls diese gewinnbringenden Verhaltensweisen zu Eigen machen können.

Auf den Punkt gebracht:

- Der GeldSparKurs hebt Sie auf einen höheren finanziellen Level. Die Zeiten, in denen Sie Ihre finanziellen Mittel ungünstig eingesetzt haben, werden der Vergangenheit angehören.

- Mit dem GeldSparKurs leben Sie leichter, weil Sie weniger monatliche Fixkosten haben.

- Sie können auf teure Berater, Zeitschriften und Bücher zum Thema 'Geld sparen' verzichten, dieser Selbstlernkurs führt Sie Schritt für Schritt zum Ziel.

- Sie erhalten die 60 besten und vor allem einfach umsetzbaren EinSparIdeen. Diese sind bereits komplett für Ihre Bedürfnisse vorbereitet.

- Sie vergrößern Ihren finanziellen Freiraum sofort und das ab dem ersten Schritt.

- Finanzielle Zusammenhänge werden leicht verständlich dargestellt. Sie werden sehen, wie einfach es Ihnen plötzlich fällt, selbst die richtigen finanziellen Entscheidungen zu wählen.

Bitte einmal ‚Hand aufs Herz':

Arbeiten Sie auch zu viel und kümmern Sie sich deshalb zu wenig wirklich richtig und ausreichend um Ihr Geld?

Woche für Woche arbeiten Sie 40 Stunden (oder mehr) für Geld und berücksichtigen dabei die Ausgabenseite nicht ausreichend. Macht das wirklich Sinn? Schnell gerät man nämlich in Gefahr, nur noch im Hamsterrad zu laufen.

An vielen verschiedenen Stellen gibt man unnötig viel Geld aus, weil man sich keine Zeit nimmt, seinen Geldfluss zu überwachen.

Dadurch steigen natürlich die monatlich anfallenden Kosten immer weiter und man muss immer noch mehr arbeiten, um seine laufenden Ausgaben decken zu können.

So wird die eigene Freizeit und die Zeit für soziale Kontakte zunehmend geringer. Wichtige Menschen kommen zu kurz und das empfindet man natürlich als unbefriedigend.

Also belohnt man sich (und vielleicht auch seine Lieben) für all die Mühen und den Verzicht auf das, was einem wirklich gut tun würde, mit weiteren Anschaffungen. Man schafft sich sozusagen eine Ersatzbefriedigung. Das jedoch führt zu noch mehr Kosten.

Spätestens wenn Sie an diesem Punkt angekommen sind, werden Sie zum Hamster im selbst geschaffenen Hamsterrad, von dem die meisten Menschen sagen: "Das ist halt so."

Aber wie dem Hamsterrad entkommen, geht das überhaupt?

Ja, das geht, und es ist sogar wesentlich leichter, als viele Menschen denken.

Den Schlüssel dazu bekommen Sie mit dem GeldSparKurs:

Dieser Selbstlernkurs wurde von unserem Team innerhalb von 8 Monaten Entwicklungszeit sorgfältig auf die Bedürfnisse unserer Anwender zugeschnitten. Sie erhalten ein einfach zu bedienendes Programm auf einer handlichen CD.

Und so funktioniert es:

- Wir geben Ihnen ein 60-Tages-Programm in Form des GeldSparKurses an die Hand. Sie können die einzelnen Kapitel nacheinander (also in Ihrem eigenen Rhythmus) durchgehen.

- Dafür haben Sie sogar ein ganzes Jahr Zeit!

- Wo immer es etwas zu berechnen gibt, bieten wir Ihnen im GeldSparKurs für diese Ermittlungen bereits fertige Lösungen auf Microsoft© Excelbasis an.

- So erkennen Sie auf einen Blick, wo unnötig Geld ausgegeben wird und wie die Alternativen dazu aussehen. Dann nutzen Sie einfach unsere fertigen Musterbriefe und Ideen. Sie müssen sich selbst keine Lösungen ausdenken, wir haben alles für Sie vorbereitet.

- Sie erhalten zu allen Kapiteln im GeldSparKurs konkrete Ideen und Tipps, die Sie sofort umsetzen können. Hier sind die besten EinSparIdeen zusammengetragen worden.

- Und alles ist fertig ausgearbeitet: Musterbriefe, Internetadressen und PDF-Dateien führen Sie Schritt für Schritt durch die einzelnen Kapitel der Einspar- und Verbesserungsideen.

Weil das einmalige Durchgehen Ihrer monatlichen Kosten zwar gut ist, aber auf Dauer zu wenig bringt (das ist wie beim Zähneputzen -> es muss immer wieder gemacht werden), gibt es einmal pro Jahr ein Update des GeldSparKurses.

Denken Sie auch daran, dass sich Gesetze, Vorschriften, Preise und Konditionen von Jahr zu Jahr ändern. Wir arbeiten diese Änderungen für Sie in das Update ein – Sie müssen sich um nichts kümmern!

Der GeldSparKurs hält Sie also immer auf dem Laufenden. Ersparen Sie sich viele teure Abos für Finanzzeitschriften und Software. Profitieren Sie jetzt einfach von unseren Recherchen, die Sie gebündelt im jeweiligen Update des GeldSparKurses erhalten.

Deshalb lesen wir vom FinanzplanTeam Dutzende von Verbraucherzeitschriften und durchforsten das Internet Hunderte von Stunden pro Jahr nach Ideen für Sie. Das Beste davon landet automatisch in der jeweils aktuellen Ausgabe des GeldSparKurses.

Sie erzielen einen Einspareffekt von oftmals mehreren tausend Euro pro Jahr - bis zu 5.000 Euro pro Jahr sind vollkommen normal. Sie entlasten Ihre Haushaltskasse und senken Ihre monatlichen fixen Kosten entscheidend.

Um die gleichen Vorteile durch einen Berater in Finanzfragen oder einen Sparberater zu erhalten, so wie Sie es vielleicht aus einigen TV-Sendungen kennen, müssten Sie jedes Jahr viele Hundert Euro ausgeben.

Der Tagessatz eines guten (unabhängigen und neutralen) Beraters liegt bei ca. 1.000 bis 1.800 Euro und das Jahr für Jahr. Da ist der GeldSparKurs eine echte und wahrlich günstigere Alternative.

Das sind die Vorteile im Überblick:

- Leben Sie leichter und mit weniger monatlichen Kosten, denn dann haben Sie mehr vom Leben.

- Der GeldSparKurs holt Sie aus dem Hamsterrad, des „immer-noch-mehr-verdienen-müssens" heraus und lotst Sie durch die zur Zeit 60 besten Sparideen und Tipps des FinanzplanTeams.

- So stoppen Sie den Kreislauf von -> immer mehr ausgeben -> dadurch immer mehr verdienen müssen -> und deshalb immer weniger vom eigenen Leben haben.

- Der GeldSparKurs wird auch Ihre Lebensqualität deutlich steigern und Ihnen (wieder) ein 'ruhiges Herz' verschaffen. Denn: Wer seinen monatlichen Fixkosten nicht hinterherrennen muss, lebt angenehmer und hat mehr Zeit für die wirklich wichtigen und schönen Dinge im Leben.

- Oft erlebt man es so, als wenn man sich mit den Ideen und Tipps des GeldSparKurses seinen Seelenfrieden wieder zurückholt und damit beginnt, (wieder) so zu leben, wie man es selbst wirklich gerne möchte.

Die aktuellen Themen sowie die ausführliche Leistungsbeschreibung des GeldSparKurses finden Sie auf folgender Webseite: http://www.mein-finanzbrief.de/geldsparkurs

Schritt 3: Das FinanzplanCoaching

Der 3. und letzte Schritt besteht in der Möglichkeit, Premiumkunde beim FinanzplanTeam zu werden. Dadurch haben Sie immer jemanden, den Sie fragen können, wenn Sie eine finanzielle Entscheidung für sich zu treffen haben.

Was ist der Sinn des FinanzplanCoaching?

Nun, wie schnell man seine finanziellen Ziele erreicht hängt nicht alleine von den eigenen Fähigkeiten ab, sondern vor allem davon, wie gut die Ansprechpartner und Coaches sind, die einem zur Verfügung stehen.

Mit einem guten FinanzplanCoach an Ihrer Seite haben Sie es leichter. Sie vermeiden unnötige Irrwege und können Ihre Kraft wesentlich schneller in die wirklich sinnvollen Schritte zur Zielerreichung investieren. Die Folge davon? Natürlich entfalten Sie Ihr eigenes Potenzial schneller.

FinanzplanCoaching ist ehrlich, denn wir werden ausschließlich von Ihnen bezahlt. Das bedeutet, wir sind auch nur Ihnen alleine verpflichtet.

FinanzplanCoaching ist neutral, denn wir arbeiten vollkommen selbstständig und sind keiner Bank, Bausparkasse, Versicherung, Investmentgesellschaft oder Vertriebsorganisation angeschlossen.

FinanzplanCoaching ist objektiv, denn wir vermitteln keinerlei Finanzprodukte. Wir beschränken uns auf die allgemeine Beschreibung der Vor- und Nachteile von Produkten und müssen keine Empfehlung für ein bestimmtes Produkt aussprechen.

FinanzplanCoaching ist einfach zu verstehen, denn bei uns gibt es weder Fachchinesisch noch Begriffe, die sowieso keiner versteht. Wir wollen Ihnen nicht mit Fachbegriffen imponieren, sondern wir erläutern es Ihnen so, dass Sie es verstehen.

Durch das FinanzplanCoaching werden Sie selbst in die Lage versetzt, die für Sie richtigen, finanziellen Entscheidungen treffen zu können. Der Coach gibt keine Lösungen vor, sondern nimmt eher die Funktion des 'Augenöffners' oder 'Anstoßgebers' ein.

Das ist ein großer Vorteil für alle Menschen, die nicht einfach blind irgendeinem Rat folgen möchten, sondern die gerne eigenverantwortliche Entscheidungen treffen und sich darüber bewusst sein möchten, warum welche Entscheidungen im Finanzbereich gewinnbringend oder unvorteilhaft sind.

Auf den Punkt gebracht:

- Das FinanzplanCoaching macht Sie freier und unabhängiger von den Meinungen anderer, weil sich Ihr eigenes Wissen und Können enorm vergrößert.

- Durch die Möglichkeiten, die Ihnen als Premiumkunde des FinanzplanTeams zur Verfügung stehen, holen Sie sich einen sehr erfahrenen Ratgeber und Coach in Ihr Boot.

Wir möchten jedenfalls alles tun, damit Sie in Zukunft sagen können:

Es hat sich gelohnt und ich habe meine Ziele besser, schneller und leichter erreicht, als jemals zuvor. Wir freuen uns auf Sie!

Hier noch die Webadresse:
http://www.mein-finanzbrief.de/premium

Die Finanzplan-Idee im Überblick

Hier nochmals der Ablauf, um in 3 Schritten dauerhaft zu Wohlstand und Sicherheit zu kommen:

3. Premiumkunde des FinanzplanTeams werden

So holen Sie sich einen erfahrenen Coach an Ihre Seite und haben immer jemanden, den Sie fragen können

1. Seinen eigenen Finanzplan anlegen

Dabei den E-Learningkurs nutzen oder (noch viel besser) den Online Workshop besuchen

2. Den GeldSparKurs durchnehmen

Ausgaben optimieren, gute Alternativen kennenlernen, Geldfresser entlarven. Richtig kräftig einsparen

Weil kleine Geschenke die Freundschaft erhalten

Zum Abschluss möchte ich Ihnen noch gerne ein Geschenk machen:

Eine kostenfreie Software, die wir für uns selbst und unsere Kunden entwickelt haben.

Sie ‚hört' auf den Namen ‚Tante Erna Rechner' und ist Teil der Software ‚StartCenter in Finanzfragen'. Diese Software wird Ihnen wertvolle Dienste leisten.

Aber lassen wir doch Tante Erna einmal kurz selbst zu Wort kommen:

"Hallo, ich bin Tante Erna, das virtuelle Mitglied des FinanzplanTeams.

Ich bin dazu da, um Ihnen bei allen Finanzberechnungen weiterzuhelfen.

Meine Programmierer haben mir schon über 30 verschiedene Berechnungen zu ganz alltäglichen Finanzfragen beigebracht.

Ich helfe Ihnen dabei, Ihre Finanzverträge zu berechnen, damit Sie mehr aus Ihren Sparanlagen herausholen können oder auch weniger Kosten für Hypotheken und Darlehen haben.

Ich habe in meinem Leben schon einige Erfahrungen mit Banken, Bausparkassen, Versicherungen und Investmentgesellschaften gemacht.

Nicht alle Erfahrungen waren positiv. Wirklich gute Berater waren schwer zu finden. Die meisten wollten mir nur ihre eigenen Produkte verkaufen. Oft stellte sich erst nach dem Abschluss heraus, was im Kleingedruckten stand und ich hatte das Nachsehen.

Deshalb beschloss ich irgendwann einmal, lieber selbst nachzurechnen und mich nicht mehr einfach blind auf die Aussagen der Finanzinstitute zu verlassen".

Folgende Berechnungen bietet Tante Erna bereits an:

Einmalanlagen: Endkapital ermitteln, Anfangskapital ermitteln, Zinssatz ermitteln, Laufzeit ermitteln

Monatliche Sparverträge: Endkapital ermitteln, Anfangskapital ermitteln, Zinssatz ermitteln, Laufzeit ermitteln

Verrentung von Kapital: Verrentung oder Einmalzahlung, Ewige Rente ermitteln

Kredite, Darlehen, Hypotheken: Jährliche Zins- und Tilgungsrate ermitteln, Gesamtbelastung eines Darlehens ermitteln, Laufzeit eines Darlehens ermitteln, Restschuld eines Darlehens nach Jahren, Höhe des tatsächlichen Zinssatzes bei Darlehen, Höhe des tatsächlichen Zinssatzes bei Kleinkrediten

Wertpapiere berechnen: Wertpapierrendite berechnen, Bundesschatzbrief B Rendite ermitteln, Investmentfonds / ETFs Einmalanlage, Investmentfonds / ETFs monatlicher Sparvertrag

Lebensversicherungen: Rendite meiner bestehenden Lebensversicherung, die Rendite einer neuen Lebensversicherung, Kapital- bzw. Rentenversicherung / Risikoversicherung und ETFs

Bausparverträge: Bausparvertrag in der Ansparphase, Bausparvertrag in der Darlehensphase

Finanzberechnungen im Alltag: Kombinierte Einmalanlage und Sparplan, Aus Guthaben und Sparvertrag ein Vermögen ermitteln, Wie viel ist mein Geld in x Jahren noch wert? Kaufkraftziel ermitteln, Kapitalentwicklung mit Zins und Inflation (Realzins), Welchem Jahreszins entspricht der Skontoabzug? Zinseszinstabelle zum Ausdrucken

Meine Altersversorgung: Notwendiges Kapital ermitteln, Notwendigen Sparbetrag ermitteln, Rente mit Kapitalverzehr - Rente gesucht, Rente mit Kapitalverzehr - Kapital gesucht

Es kommen laufend neue Berechnungen dazu. Sie können Tante Erna jederzeit schreiben, wenn Sie gerne noch eine weitere Berechnung hätten.

**Hier finden Sie die Webseite zum StartCenter für Finanzfragen:
http://www.mein-finanzbrief.de/stafi/**

Wir sind nun am Ende des Buches angekommen und ich würde mich freuen, wenn der ein oder andere Tipp für Sie dabei war, der Ihnen in Zukunft dabei hilft, noch besser mit Ihrem Geld auszukommen.

Eines ist jedenfalls klar: *„**Wer sich um sein Geld kümmert hat auch welches.**"*

In diesem Sinne haben Sie mit dem Lesen dieses Buches einen guten und richtigen Schritt unternommen.

Wenn Sie Fragen rund um die Finanzplan-Idee haben, melden Sie sich bitte einfach kurz bei uns per E-Mail. Wir freuen uns auf Ihr Feedback und/oder Ihre Fragen,

Ihr

Stephan Caise

Meine persönlichen Notizen zum Buch

Ihr persönlicher Gutschein im Rahmen dieses Buches:

Sie erhalten von uns die Finanzplan-Demo-CD kostenfrei zugesandt. Es fallen nicht einmal Porto- oder Versandkosten für Sie an.

Auf der Finanzplan-Demo-CD ist der Finanzplan als Shareware enthalten, die Ihnen ein komfortables Testen ermöglicht.

Das Besondere: Durch den Erwerb dieses Buches, erhalten Sie Support via HOTMAIL. Das bedeutet, wir stehen Ihnen während Ihrer Testzeit für alle Fragen zum Finanzplan genauso zur Verfügung als hätten Sie bereits eine Vollversion erworben!

Auf der Finanzplan-Demo-CD finden Sie die folgenden Inhalte:

Alle 3 Finanzplan-Versionen werden ausführlich (mit über 25 Filmen und Demovorführungen) erklärt. Natürlich ist die Finanzplan Software als Shareware enthalten. Genauso wie der Finanzplan für Jugendliche (YouthEdition). Die Flash-Filme zeigen alle Zusatzmodule in ihrer Anwendung und die häufig gestellten Fragen runden das Angebot ab.

Die Finanzplan-CD beantwortet Ihnen Fragen wie:

Wie steht es um meine Finanzen? (Als Selbsttest)
Ist für mich ein Finanzplan überhaupt sinnvoll?
Welche Vorteile bringt mir ein Finanzplan?
Welche Version ist für mich die Richtige?
Wie sehen die Formulare genau aus?
Was kann ich mit dem Finanzplan genau tun?
Was fange ich mit den Zusatzmodulen an?
Muss ich mich dafür mit Excel auskennen?

Notwendige Software und Systemanforderungen für die Finanzplan Schnupper-CD:

Windows XP, Windows Vista, Windows 7, Windows 8 mit Excel 2000, Excel 2002 (XP), Excel 2003, Excel 2007, Excel 2010 oder Excel 2013.

Wenn Sie die Finanzplan-Demo-CD gerne erhalten möchten, tragen Sie bitte hier Ihre Anschrift – gut leserlich – ein und senden Sie diesen Abschnitt an:

Fa. Mein-Finanzbrief
Anhauser Straße 78
89547 Dettingen

Mein-Finanzbrief - Anhauser Straße 78 – 89547 Dettingen

An

Bisher vom FinanzplanTeam erhältliche Bücher:

Die 8 Grundgesetze des Wohlstands

Eines ist sicher: Wer die 8 Grundgesetze des Wohlstands anwendet, erreicht seine finanziellen Ziele schnell und ohne Umwege. ISBN-10: 3842365314

Autosuggestionen für Ihren persönlichen Reichtum

In diesem Buch finden Sie 68 Autosuggestionsformeln auf Kärtchen zum Ausschneiden (Format ca. 11 x 7 cm). ISBN-10: 3842371535

Der Finanzplan- Einfach gut mit seinem Geld auskommen

Durch einen allzu sorglosen Umgang mit Geld entstehen oft große finanzielle Probleme. Dieses Buch ist ein Wegweiser in finanziellen Fragen. ISBN-10: 3839183766

Das Chefbuch - Erfolgreich als Selbstständiger und Freiberufler

Wer selbstständig ist oder mit dem Gedanken an eine Selbstständigkeit spielt, wird von diesem Buch profitieren. ISBN-10: 3833464747

Das Buch Finanzgeschichten

Dieses außergewöhnliche Buch entstand, als wir die Leser des Finanzplan-Newsletters darum gebeten haben, ihre bisher erlebten Erfahrungen in Gelddingen zu schildern. ISBN-10: 3837095606

Preis-Wert bauen ist auch heute noch möglich

Dieses Buch schildert anhand eines Praxisbeispiels, wie preiswertes Bauen geht. ISBN-10: 3839190029

Das Finanzplan-Sparbuch

Da wir jeden verdienten Euro nur einmal ausgeben können, sollten wir geschickt mit unserem zur Verfügung stehenden Einkommen umgehen. ISBN-10: 3842358776

Finanzplanung 50+

Finanziell sorgenfrei und abgesichert in den besten Jahren des Lebens. Dieses Buch zeigt, auf was man dabei achten sollte. ISBN-10: 3848231913

Finanzplanung für Jugendliche

Am besten ist es, gleich von Anfang an alles richtig zu machen. Ideal für Leser zwischen 16 und 25 Jahren. ISBN-10: 3848222434

Finanzplanung für Familien

Um die finanziellen Herausforderungen des Familienalltags gut zu meistern, bedarf es von Anfang an einer gemeinsamen Finanzplanung. ISBN-10: 9783732246052

Sie finden zu allen Büchern die ausführliche Beschreibung sowie die Bestellmöglichkeit auf der Webseite: http://www.mein-finanzbrief.de

Die Bücher erhalten Sie auch bei www.amazon.de oder im örtlichen Buchhandel.